세기의 갈등과 공존 협력

THE CONFLICT OF THE CENTURY AND
COOPERATIVE COEXISTENCE ON THE GLOBE

남성우

세기의 갈등과 공존 협력

THE CONFLICT OF THE CENTURY AND COOPERATIVE COEXISTENCE ON THE GLOBE

남성우 지음

지구촌 갈등과 공존 협력 어떻게 해결할 것인가?

세계는 테러와 인종청소 혹은 전투 행위로부터 평화와 인류의 안녕과 지속적인 번영을 위한 노력도 줄기차게 이어가고 있다. 전 지구적인 온난화와 기후 변화 방지를 위한 범세계적인 노력이나, 중동 혹은 아프리카 내전 지역으로부터의 피난 행렬을 위한 구조와 구호의 손길이 이어지고 있는 등, 인류는 공존공영을 위한 협력과 노력도 부단히 계속하고 있다.

지식공감

차 례

I

◇ ◇ ◇

인류의 생존을 위협하는 중대 위협 가운데 한반도와 주변에서 벌어지고 있는 불안한 상황들이 세계인의 우려와 주목을 끌고 있다. 핵무기와 미사일 발사 등에 의한 심각한 북한의 위협은 점차 긴박감을 더해 가고 있고, 또 그들에 의한 사이버 공격의 우려가 현실화되고 있다.

아시아·태평양 지역에서의 주요 분쟁지역으로 떠오르고 있는 남중국해의 영유권 주장과 관련하여, 중국이 인공 섬을 조성하고 군사시설을 구축하는 데 적극적으로 나서자 미국과 중국이 군사적 대치 상황까지 불사하며 갈등하고 있다. 또한, 동중국해에서 센카쿠열도(중국 댜오위다오)를 놓고 일본과 중국이 펼치고 있는 영유권 분쟁은 중국과 일본 간의 전쟁을 촉발할 수도 있을 것이라는 우려가 있어왔다.[1]

오늘날 세계는 이슬람 국가(ISIS)로 인한 이라크와 시리아 내전 격화, 아프가니스탄과 파키스탄 등지에서의 멈추지 않는 무력 충돌과 자살폭탄 테러, 러시아에 의한 크림 반도 합병과 이어서 동부 우크라이나에서 러시아군의 지원을 받는 친러 반군과 우크라이나 정부군 간의 무력 충돌과 휴전 파기사태, 이와 관련한 서방 세계와 러시아 간의 군비 증강과 경제제재 등이 세계인의 우려를 증폭시키고 있다.

중동의 시리아에서는 러시아의 친정부군 지원을 위한 공중 폭격과 그들의 연합작전 등으로 많은 무고한 민간인들이 희생되거나 혹은 고국을 떠나 기약 없는 이민행렬에 가담하는 등 난민 사태가 이어지고 있다. 2015년 11월에는 프랑스 파리에서 IS 관련자들에 의한 연쇄 테러로 130명이 사망하는 등[2] 큰 인명 손실을 겪은 바 있고, 같은 해 12월에는 미국 캘리포니아 주 샌버너디노에서의 IS연계 3명의 테러범에 의한 총격사건으로 14명이 살해되고 22명이 중상을 입는 대형사건이 발생하기도 하였다.

그뿐만 아니라 테러와 대량학살 행위는 대서양을 넘어 아프리카 대륙에서도 연이어 터져 나오고 있다. 북아프리카의 말리, 튀니지, 리비아 그리고 중동의 예멘, 소말리아 등이 전란의 소용돌이 속에 들어 있고, 검은 대륙의 중부 서해안 쪽의 나이지리아, 카메룬, 부르키나파소와 코트디부아르 등지에서 일련의 테러와 학살행위가 쉬지 않고 발생하여 많은 사람들이 살해 혹은 부상당하는 등의 사건들로 지구촌은 한시도 평온함 없이 갈등과 긴장이 연속되고 있다.

이러한 상황 속에서 인류의 미래를 우려하는 정치인, 학자, 혹은 종교인들 간에는 오늘의 동난 사태를 두고, 20세기를 차갑게 하였던 냉전 시대에 비유하여 신냉전이 계속되고 있다거나, 혹은 세계는 제3차 대전의 와중에 있다는 식의 우려스런 표현도 조심스럽게 하고 있다.

여기에 추가하여 시급히 해결해야 할 지구촌의 중대 문제 중의 하나로 기근 사태를 논하지 않을 수 없다. 2차 세계대전 이후 최악의 기근에 세계가 시달리고 있다고 워싱턴포스트(WP)가 보도했다(2017년 4월 11일). WP는 올해 최악의 기근에 빠진 아프리카의 남수단, 나이지리아, 소말리아, 예멘 등이 심각한 식량 위기에 직면하면서 기근이 현재 2,000만 명을 위협해 세계대전 후 최악이라고 전했다.[3]

다른 한편으로, 세계는 테러와 인종청소 혹은 전투 행위로부터 평화와 인류의 안녕과 지속적인 번영을 위한 노력도 줄기차게 이어가고 있다. 전 지구적인 온난화와 기후 변화 방지를 위한 범세계적인 노력이나, 중동 혹은 아프리카 내전 지역으로부터의 피난 행렬을 위한 구조와 구호의 손길이 이어지고 있는 등, 인류는 공존공영을 위한 협력과 노력도 부단히 계속하고 있다.

따라서 본 저서의 주요 내용으로 한반도 사태, 인접 수 개국들이 관련되고 있는 영유권 문제, 전 세계적인 테러와 폭력사태, 그로부터 기인하여 심각하게 발생하고 있는 난민문제, 지구촌의 기근 사태를 논하고, 더하여 기후변화 문제 등을 논하고자 한다.

1. 문명

 문명(文明)은 고도로 발달한 인간의 문화와 사회를 말한다.4) 문명 (civilization)이란 인류가 이룩한 물질적·사회조직적인 발전을 말한다. 현대문명에는 무엇보다도 기술문명이 상기되는데, 이 경우의 문명 개념에는 2가지가 합류되어 있다고 할 수 있다.

 하나는 문화에 대한 문명개념으로, 문명이란 무한히 진보해 간다고 여겨지고 있었던 기술적인 여러 수단(手段)의 총체를 뜻한다. 또 하나는 민족문화에 대한 세계문화라고도 할 수 있는 것으로, 문화가 대개의 경우 민족·언어·전통과 연관되어 국경(國境)을 넘지 못하는데 비해 문명은 민족·국가를 초월하여 보급되어 가는 것을 가리킨다.5) 인간의 독창적 정신의 소산(所産)을 문화라 부른다면 인간이 현실적 생활을 영위함으로써 행하는 합리화 수단을 문명이라고 칭한다. 생산 기술과 생산의 여러 발달에 수반하여 생활을 위한 여러 수단이 개선된다. 이러한 물질 면에 한정된 인간 생활의 발전을 문명이라 한다. 또한, 인류의 발달에서 야만(野蠻)·미개에 계속되는 단계를 문명이라고 부르는 수도 있다. 문명은 상대적으로 높은 수준의 인간 사회의 개발이다.6)

2. 전쟁과 테러

전쟁은 태고부터 계속되는 인류사이며, 가장 원시적인 한편 폭력적인 분쟁해결 수단이라고 할 수 있다. 정치뿐만이 아니라, 경제, 지리, 문화, 기술 등 광범위한 인간 활동과 밀접하게 관련되어 있어 그 역사적인 영향이 크다. 근대 이후의 전쟁은 육해공군 등 군대만의 무력전 뿐만이 아니라, 일반 국민들도 동원되는 총력전의 양상을 나타내기도 한다. 외교전, 선전전, 모략전, 경제전, 무역전, 보급전, 기술전, 정신전 등의 투쟁을 본질적으로 포괄하고 있으며 서로 관련되어 있다.[7] 그리고 결과적으로는 국제 관계, 사회, 경제 등 폭넓은 분야에 파괴적인 영향을 주어 군인이나 민간인의 인적 피해로부터 인프라의 파괴, 경제활동의 저해 등 사회 모든 부분에 물적 피해를 주게 된다.[8]

전쟁이란, 둘 이상의 서로 대립하는 국가 또는 이에 준하는 집단 간에 군사력을 비롯한 각종 수단을 사용해서 상대의 의지를 강제하려고 하는 행위 또는 그 상태를 말한다(두산백과). 오늘날의 전쟁은 비단 국가 간에만 행해지는 것이 아니며, 집단안전보장체제에 의한 국가집단 간에도 일어날 수 있고, 또한 내란에 있어서도 내란을 일으킨 정치단체가 정당한 교전단체로 인정되면 국제법상으로 정식적인 전쟁의 주체가 될 수 있다.

전쟁의 수단에 있어서도 오늘날에는 국제법상으로 한 국가의 명시(明示)나 묵시(默示)에 의한 전쟁개시의 의사표시가 있을 때는 현실적으로 무력행동의 유무에 관계없이 전쟁상태로 간주되고 있다.9)

전쟁의 분류 측면에서 보면, 정치 목적과 이데올로기 상으로는 독립전쟁 ·혁명전쟁 ·식민지전쟁 ·종교전쟁 ·예방전쟁 등으로 구분된다. 참가국 또는 지역적인 면에서는 세계전쟁 ·국제전쟁 ·연합전쟁 ·국지전쟁 ·내전 등으로 구분된다.10) 전쟁의 주체에 따라서는 국가 대국가 간에 수행되는 국제전쟁과 한 국가 내의 정치권력집단 간에 수행되는 내전이 있다.11) 테러란 특정 목적을 가진 개인 또는 단체가 살인, 납치, 유괴, 저격, 약탈 등 다양한 방법의 폭력을 행사하여 사회적 공포상태를 일으키는 행위 등이 있으며, 테러의 유형으로는 사상적, 정치적 목적달성을 위한 테러와 뚜렷한 목적 없이 불특정 다수와 무고한 시민까지 공격하는 맹목적인 테러로 구분된다.12)

한편, 또 다른 정의에 의하면 테러(Terrorism, Terror)란, 주권 국가 또는 특정 단체가 정치, 사회, 종교, 민족주의적인 목표를 달성하기 위하여 조직적이고 지속적으로 폭력을 사용하거나 폭력의 사용을 협박함으로써 특정 개인, 단체, 공동체 사회, 그리고 정부의 인식 변화와 정책의 변화를 유도하는 상징적, 심리적 폭력 행위 등을 모두 일컫는 말이다.13) 인간이 전쟁을 혐오하는 것만큼이나 전쟁의 역사는 오래되었다. 어떤 사람은 전쟁의 역사는 인간의 역사와 같다고 표현하기까지 한다. 인류는 제2차 세계 대전을 겪으면서 핵무기라는 인류 종말을 가져올 수 있는 무기의 위력 앞에 그 어느 때보다 평화를 위해 협력하고 있으나 여전히 지구상에서 전쟁은 멈추지 않고 있다.14)

3. 평화

'평화'의 사전적 의미는 '평온하고 화목한 것'이다. '전쟁'이란, 적어도 당사자의 일방은 국가이며 전투가 조직적이고 지속적으로 전개되고 있는 상태라고 정의하고, 그러한 상태가 발생하지 않으면 평화라는 견해도 있다. 그러나 그것은 전쟁의 부재(不在)라는 것뿐만 아니라 인간을 위협하는 다양한 박탈이나 폭력의 방지도 평화의 과제로 하는 적극적인 평화론에 대해 소극적인 평화이다.

평화란 국가를 단위로서 받아들이는 개념뿐만 아니라 폭력이나 박탈의 압력을 받지 않는 개개의 인간을 단위로 실현한 상태를 나타내는 개념이어야 한다는 인식이 한층 강해지고 있다. 평화를 회복할 국가 중에서 방치된 대인지뢰의 피해 등은 물론이고 테러, 범죄, 빈곤, 실업, 차별, 억압, 기아, 환경파괴, 교육의 박탈 등 개개의 인간에게 직접적으로 미치는 폭력이나 위협이 매우 큰 경우가 있다.

비평화(非平和) 상황의 개념에 의해 전쟁이 발발하지 않아도 평화가 아닌 상황이 있으므로 국가 안전보장론이 평화론과 동일한 의미가 아니라는 지적이 이루어졌다.[15] 평화(平和, peace)는 좁은 의미로는 '전쟁을 하지 않는 상태'이지만 현대 평화학에서는 평화를 '분쟁과 다툼이 없이 서로 이해하고, 우호적이며, 조화를 이루는 상태'로 이해한다.16)

인류가 목표로 하는 가장 이상적인 상태이다. 전통적 의미에서 평화는 '전쟁의 부재', '세력의 균형' 상태로 설명된다. 인류 역사상 평화의 시기는 거의 존재하지 않았거나, 극히 짧았다(30년 전쟁, 100년 전쟁 등 인류의 수많은 전쟁을 고려했을 시). 그러므로 단순히 전쟁이 없는 상태를 유지하려면 타인으로부터 공격당하지 않기 위한 전쟁 억지력(抑止力)이 반드시 필요하다.17)

테러리스트들의 대부분이 가난과 좌절로 인해 사회에 대한 불만이 많은 빈민 출신이라는 사실을 근거로 평화는 테러와의 전쟁이 아닌, 사람이 사람답게 사는 사회가 건설될 때에 실현될 수 있다고 지적한다(스위스의 장 지글러).18)

II

1. 한반도의 상황

북한의 핵과 미사일, 사이버전 능력이 한반도는 물론 미국 본토에도 실질적 위협이 되고 있다고 미국의 존스홉킨스대 조엘 위트 연구원이 분석했다. 사이버전 능력과 관련해선 한국을 겨냥해 각종 사이버 공격을 자행하고 있으며, 미국과 우방을 향해서도 공격할 수 있다고 적시했다.[19] 미국 합참의장 조지프 던포드는 12월 14일: 워싱턴 D.C. 한 호텔에서 신미국안보센터(CNAS) 주최로 열린 '차세대 국방 어젠다' 세미나에서 "북한이 탄도미사일과 사이버를 비롯한 다양한 역량을 개발하고 있어 한반도에서의 무력충돌은 단순히 한반도에 국한되지 않는다"고 주장했다. 그는 "북한이 탄도미사일 역량을 개발하면서 이는 일본과 같은 다른 지역행위자들에게 영향을 미치기 시작했다"고 평가했다. 던포드는 "더 이상 한반도에서의 분쟁은 고립화된 분쟁이라고 보기 어렵다"면서, 만일 "대륙간탄도미사일 기술이나 사이버 능력, 우주 역량, 정보작전 분야를 고려한다면 지역분쟁이 어떻게 초지역적이고 다중 영역-다중 기능의 분쟁이 되는지를 알 수 있다"고 강조했다.[20]

1-1. 북한의 핵실험과 미사일 발사

한국의 국방부와 통일부 등에 따르면 북한은 1월 6일(2016년) 오전 10시께 함경북도 길주군 풍계리 핵실험장에서 4차 핵실험을 실시했다. 북한이 핵실험을 실시한 것은 2013년 2월 12일 3차 핵실험 이후 3년여만이다.[21] 2006년 10월 9일 첫 번째 핵실험을 감행한 이후 10년 사이 네 번째 핵실험을 실시한 것이다. 특히 북한은 원자탄의 수십 배 위력을 지닌 수소폭탄 실험에 완전히 성공했다고 주장했다.[22]

북한은 2월 7일(2016년) 국가우주개발국 '보도'에서 "운반로케트 '광명성'호는 2월 7일 9시(남쪽 시각 오전 9시30분)에 평안북도 철산군 서해위성발사장에서 발사되어 9분 46초 만인 9시 09분 46초(남쪽 시각 9시 39분 46초)에 지구 관측위성 '광명성 4호'를 자기의 궤도에 정확히 진입시켰다"고 밝혔다. 앞서 북한은 지난 2012년 12월 장거리 로켓 발사 때에는 운반 로켓과 위성체를 각각 '은하 3호'와 '광명성 3호'라고 불렀다. 그때와 비교해 위성체는 같은 계열에 번호만 높여 불렀으나 로켓 이름은 달라진 것이다.[23]

북한이 정권수립일인 9월 9일(2016년) 최대 위력의 5차 핵실험이라는 초강력 도발을 감행했다. 한국 국방부의 한 당국자는 9일 "현재 분석한 바에 따르면 북한이 오늘 핵실험을 한 것으로 판단하고 있다"고 밝혔다. 북한이 핵실험을 단행한 것은 지난 1월 6일 4차 핵실험 이후 8개월여만이다. "규모는 5.0으로 파악되며 위력은 10kt 정도로 추정된다"면서 "현재까지 핵실험 중 가장 큰 규모"라고 설명했다. 지난 1월 4차 핵실험 당시의 위력은 6kt이었다. 앞서 합동참모본부는 "오늘 오전 9시 30분께 북한 풍계리 일대에서 규모 5.0의 인공지진파를 감지했으며, 핵실험 여부를 분석 중에 있다"고 밝혔다. 발생지는 핵실험장이 위치한 함경북도 길주군 풍계리 인근으로, 지난 1월 4차 핵실험이 진행됐던 곳과 동일한 지역으로 파악되고 있다.[24]

북한 조선중앙TV가 9월 9일(2016년) 오후 1시 30분(한국시각) "핵탄두 폭발 시험을 성과적으로 진행했다"고 보도했다. 이 방송은 "국가 존엄 수호를 위한 핵능력 강화 조치는 계속될 것"이라며 "핵물질 방사성 물질 누출 현상은 전혀 없었다"고 밝혔다.[25]

북한은 2017년 2월 13일 '새로운 전략무기체계'이자 '강력한 핵 전략무기'인 중장거리 탄도미사일 '북극성 2형'을 전날 성공적으로 시험 발사했다고 밝혔다. 전날 발사한 비행 거리 500㎞의 탄도미사일은 잠수함발사탄도미사일(SLBM) 체계를 이용한 신형 고체연료 지대지 전략 미사일이라는 주장으로, 대륙간탄도미사일(ICBM) 개발로 가기 위한 전 단계로 분석된다. 조선중앙통신 등 북한 관영매체들은 이날 "우리 식의 새로운 전략무기 체계인 지상대지상 중장거리 전략탄도탄 북극성 2형 시험발사가 2017년 2월 12일 성공적으로 진행됐다"고 보도했다.[26]

북대서양조약기구(NATO)는 5차 핵실험을 벌인 북한 정권에 "핵ㆍ탄도미사일 활동을 중단하라"고 촉구했다(2016년 9월 9일). 옌스 스톨텐베르그 NATO 사무총장은 성명을 통해 북한이 5차 핵실험을 했다는 보도에 "매우 우려된다"며 이같이 말했다.[27]

유엔 안보리는 북한이 5차 핵실험을 감행함에 따라 2016년 9월 9일 오후 비공개 긴급회의를 열어 대북 규탄 언론성명을 채택했다. 한·미·일 3국의 요청에 따라 긴급하게 한자리에 모인 15개 이사국은 새로운 대북제재 결의 채택을 추진하기로 했다.[28]

미국과 중국, 러시아, 영국, 프랑스 등 5대 핵보유국인 유엔 안보리 상임이사국(P5)은 북한의 핵실험을 강력히 규탄하고 지난 2005년 북핵 6자회담 공동성명의 이행 의지를 확인, 북한의 응답을 촉구했다. 9월 16일(2016년) 미국 자유아시아방송(RFA)에 따르면 5대 핵보유국 대표들은 15일 워싱턴 DC에서 열린 제7차 P5회의를 마치고 발표한 공동성명을 통해 "올해(2016년) 1월 6일과 9월 9일 강행한 북한의 핵실험과 연이은 탄도미사일 시험발사를 강력히 규탄한다"고 밝혔다.[29]

국제원자력기구(IAEA)는 모든 핵무기 및 핵프로그램을 폐기할 것을 북한에 강력하게 촉구하는 결의를 만장일치로 채택했다. IAEA는 현지시간으로 9월 30일(2016년) 오스트리아 빈에서 열린 제60차 총회에서 이 같은 결의를 채택했다고 한국의 외교부가 밝혔다(10월 1일).[30]

유럽의회는 10월 27일(2016년) 북한의 최근 핵실험을 규탄하고 북한

에 핵과 미사일 프로그램을 폐기해 추가적인 도발 행위를 중단할 것을 촉구하는 결의안을 채택했다.[31]

유럽연합(EU)은 2월 27일(2017년) 북한에 대한 추가 제재방안을 발표했다. 이번 추가 제재안은 지난 11월 30일 채택된 유엔 안전보장이사회 결의 2321호를 EU 자체적으로 이행하기 위한 방안이다. EU 대외관계청(EEAS)은 이날 발표한 '유엔 안보리 결의 2321호에 따른 대북 추가 제재안'에서 북한과 석탄·철·철광석 거래를 제한하고 북한 제품 금지 품목에 구리·니켈·은·아연 등을 추가했다. 또 북한에 헬리콥터와 선박 판매를 금지하고, 북한의 핵 및 탄도미사일 프로그램에 도움을 줄 수 있는 교육 및 연수, 과학 관련 교류도 금지했다. EU는 유엔 결의 2321호 이외에 독자적인 제재방안도 검토 중이며 이르면 내달 초 발표할 것으로 알려졌다.[32]

유엔(UN) 안전보장이사회가 2017년 2월 13일 북한의 미사일 발사에 대해 만장일치로 규탄했다. 안보리는 규탄 성명을 통해 "추가적이고 중요한 대북 조치"를 취해야 한다고 밝혔다. 또 미사일 시험 발사에 대해 유엔 결의안의 "심각한 위반"이라고 비판했다. 니키 헤일리 유엔 주재 미국 대사는 "우리는 안보리의 모든 회원국에게 가능한 한 모든 자원을 동원해 북한 정권의 이러한 도발이 용납될 수 없다는 것을 분명히 해야 한다고 요청한다"고 밝혔다. 앞서 북한은 트럼프 대통령 취임 23일 만인 2017년 2월 12일 신형 중거리탄도미사일(IRBM)인 '북극성-2'를 동해상으로 발사했다. 이에 한국과 미국, 일본 등의

요청으로 이번 안보리 회의가 소집됐다.[33]

북한만을 겨냥한 사상 첫 미국의 대북제재법이 2월 18일(2016년 현지시간) 공식으로 발효됐다. 백악관은 이날 버락 오바마 대통령이 미 의회가 최근 통과시킨 대북제재법안(H.R.757)에 공식 서명했다고 밝혔다. 북한만을 겨냥한 대북제재법안이 미 의회를 통과해 대통령의 서명을 거쳐 발효된 것은 이번이 처음으로, 미 정부는 언제든 북한에 대해 한층 강력한 독자 제재를 부과할 수 있는 법적 기반을 갖추게 됐다.

미국은 앞으로 현재 논의가 진행 중인 유엔 차원의 다자 제재와 더불어, 이번 대북제재법에 근거한 양자 제재를 양대 축으로 삼아 대북압박의 고삐를 한층 강화해 나갈 것으로 예상된다.[34] 에드 로이스(공화·캘리포니아) 하원 외교위원장이 대표 발의한 이 대북제재법은 역대 발의된 대북제재 법안 가운데 가장 강력하고 포괄적인 조치를 담고 있다. 대북제재법은 북한의 금융·경제에 대한 전방위적 제재를 강화해 북한이 핵과 미사일 개발, 사이버 공격능력 향상, 북한 지도층 사치품 구입 등에 쓸 수 있는 달러 등 경화를 획득하기 어렵게 자금줄을 전방위로 차단하는 동시에 관련자들에 대해 의무적으로 제재를 부과하는 것이 골자다.

대북제재법은 이외에 ▲대량살상무기 차단 ▲사치품을 비롯한 북한 정권 지도층 정조준 ▲자금 세탁·위조지폐 제작·마약 밀거래 등 각종 불법행위 추적 차단 ▲사이버 공격 응징 등 기존 유엔 안보리 결의와 미국 대통령의 행정명령에 포함된 거의 모든 제재 내용을 망라하고 있다. 또 미 재무부에 이 법안 입법 이후 180일이 지나기 이전에 북한을 '자금세탁 우려 대상국'으로 지정할 필요가 있는지를 검토하도록 하는 내용도 포함하고 있다.[35]

버락 오바마 미국 대통령이 2016년 3월 16일 지난 2월 의회를 통과한 대북제재 강화법을 뒷받침하는 행정명령을 발동했다. 이번 행정명령은 북한의 국외노동자 송출 행위를 제한할 수 있는 근거 조항 등이 담기는 등 대북 제재법보다 더 강력한 내용들이 들어있는 것으로 확인됐다. 미국 재무부는 이날 새로운 행정명령에 맞춰 불법활동에 관여한 혐의로 북한의 개인 2명과 단체 15곳, 선박 20척을 추가 제재대상으로 지정했다. 이들 대부분은 유엔 안보리 제재결의안에 담긴 제재대상에 포함돼 있다.[36]

미국 재무부가 6월 1일(2016년) 처음으로 북한을 '주요 자금세탁 우려 대상국'으로 공식 지정했다. 이에 따라 북한의 국제금융망에 대한 접근 자체가 더욱 힘들어지게 됐다. 이는 지난 2월 18일 발효된 대북제재법에 따른 후속 조치로, 북한의 자금줄을 전방위로 차단하는 데 목적이 있다.[37] 버락 오바마 미국 대통령이 2016년 6월 21일 북한에 대한 경제 제재를 다시 1년 연장했다.

오바마 대통령은 이날 의회에 보낸 통지문을 통해 북한이 미국에 '비상하고 특별한 위협(unusual and extraordinary threat)'을 주고 있다며 국제비상경제권법(International Emergency Economic Powers Act)에 따라 북한을 '국가비상(national emergency)' 대상으로 1년간 더 지정한다고 밝혔다. 국제비상경제권법은 1년마다 '국가비상' 대상 지정을 연장해야 하며 그렇지 않으면 제재 조치가 효력을 잃는다.[38]

미 국무부는 7월 4일(2016년) '이란·북한·시리아 대량파괴무기(WMD) 확산방지법' 위반 혐의로 북한의 남흥무역회사, 생필무역회사, 군사협력관련 부서(General Dept. of Military Cooperation), 그리고 강문길을 제재 명단에 새롭게 올렸다고 밝혔다. 이 법은 2000년 이란을 상대로 먼저 채택됐으며 2005년 시리아, 2006년 북한이 제재대상 국가로 각각 추가 지정됐다.[39]

개성공단 조업 중단 조치 : 한국 정부는 북한의 장거리 미사일(로켓) 발사 등 연이은 군사도발과 관련하여, 대북압박 조치로 개성공단 조업을 2월 10일(2016년)부터 전면 중단하겠다고 밝혔다.[40] 한편, 미국 정부가 2월 10일(2016년) 한국 정부의 개성공단 가동 중단 결정과 관련 "국제사회의 입장과 일치하는 결정"이라고 지지했다고 자유아시아방송(RFA)이 보도했다(대니얼 러셀 국무부 동·아태 담당 차관보).

북한은 11일 남측의 개성공단 가동 전면 중단에 맞서 개성공단 폐쇄와 남측 인원 추방이라는 강수로 대응했다. 북한이 개성공단을 군사통제구역으로 선포함에 따라 당분간 북한군이 공단을 통제할 것으로 예상된다. 북한은 남측의 중단 조치에 따른 항의 표시로 남북 당국 간 소통 채널 역할을 하던 군(軍) 통신선과 판문점 연락관 채널을 전면 폐쇄했다.[41]

대북 금융제재 : 한국 정부가 대량살상무기(WMD) 개발에 관여한 북한 단체 30개와 개인 40명에 대해 금융제재를 취하기로 했다. 특히 이번 제재 대상에는 대남 도발의 배후로 지목돼온 김영철 노동당 대남담당 비서가 포함됐다. 남측정부는 또 북한에 기항했던 제3국 선박의 국내 입항을 금지하는 등 해운제재도 대폭 강화하기로 했다. 이석준 국무조정실장은 2016년 3월 8일 오후 서울청사에서 북한 관련 금융제재 대상을 대폭 확대하는 내용의 '남측의 독자적 대북제재 조치'를 발표했다.

이번 조치는 북한 단체와 개인에 대한 금융제재를 핵심으로 하고 있다. 먼저 금융제재 대상 단체는 30개로, 이 가운데 북한 단체는 24개, 제3국 단체는 6개다. 이들 가운데 17개 단체는 미국·일본·호주·유럽연합(EU) 등이 이미 제재대상으로 지정한 단체고, 13개 단체는 남측 정부가 단독으로 지정한 제재 대상이다.

해운 통제 : 남측정부는 또 북한과 관련한 해운 통제를 대폭 강화하기로 했다. 이를 위해 외국 선박이 북한에 기항한 뒤 180일 이내에 국내에 입항하는 것을 전면 불허하는 한편, 제3국 국적이지만 실질적으로는 북한의 소유인 '편의치적(便宜置籍) 선박'의 국내 입항도 금지하기로 했다.[42]

나진·하산 프로젝트의 중단 : 남측정부가 유엔 안보리 결의 2270호에 이은 양자차원의 대북 추가제재의 하나로 남·북·러 협력사업

(2006년 3월 17일 회합)으로 추진해온 나진·하산 프로젝트의 중단을 사실상 확정하고, 이를 러시아에 통보한 것으로 전해졌다. 2016년 3월 8일 정부 소식통 등에 따르면 남측정부는 전날 이 같은 방침을 외교 채널을 통해 러시아 측에 전달했다.

남측은 그동안 나진·하산 프로젝트를 추진해온 자국의 민간기업 컨소시엄에 대해 방북 허가나 러시아산 석탄을 실은 제3국 선박의 국내 입항허가 등의 지원을 해왔는데 대북제재에 따라 이런 지원이 사실상 어렵게 됐다는 점을 러시아 측에 설명한 것으로 알려졌다. 나진·하산 프로젝트의 사실상 중단을 의미하는 것이다.43)

개성 공단의 자산 청산 : 2016년 2월 10일, 핵 실험과 미사일 도발로 인해 대한민국 정부는 개성공단을 폐쇄하고 남측 근로자들을 모두 철수시켰으며, 개성공단 입주기업도 철수했다. 또한, 정부의 방침에 따라 단전·단수되었다. 북한도 다음 날인 2월 11일, 개성공단 폐쇄 및 개성공단 내 자산 동결, 17시(남측 시간 17시 30분)까지 남측 인원 추방 등을 남측에 통보했다.44)

북한은 3월 10일(2016년) 남측의 독자적인 대북 제재에 맞서 북한에 있는 모든 남측 자산을 청산하겠다고 선언했다. 북한은 이날 발표한 조국평화통일위원회(조평통) 대변인 담화를 통해 "이 시각부터 북남사이 채택 발표된 경제협력 및 교류사업과 관련한 모든 합의들을 무효로 선포한다"고 밝혔다.45)

북한의 조평통(조국평화통일위원회) 대변인 담화 발표(2016년 3월 10일) 내용은 다음과 같이 분석되었다(조선닷컴, 2016. 03. 11).[46] 2016년 2월 10일 폐쇄된 개성공단에는 약 1조1,700억 원어치의 남측 투자 자산이 있다. 이 중 123개 입주 기업이 투자한 시설과 장비가 5,613억 원 규모에 달한다. 개성공단기업협회 측은 "지난달 3월 철수 당시 챙기지 못한 완제품과 원·부자재 등 재고 자산도 2,464억 원어치"라고 말했다.

정부와 한전 등 공공부문이 공단의 기반·부대 시설에 투자한 금액도 3,636억 원이다. 이 돈은 단지 내 도로와 상하수도, 정·배수장, 폐수종말처리장, 폐기물처리장, 변전소, 종합지원센터(15층), 기술교육센터, 탁아소, 아파트형 공장, 소방서, 응급의료시설 등을 짓는 데 사용됐다. 북한 노동자들의 출퇴근용 통근 버스 303대도 남측 자산이다. 이 밖에도 금강산에 4,198억 원어치, 기타 지역에 840억 원어치의 남측 자산이 남아 있다. 이를 모두 합치면 북이 '완전 청산'할 수 있는 남측 자산 규모는 1조 7,000억 원에 육박한다.[47]

미사일 발사 : 북한이 2016년 3월 10일 스커드 계열 미사일 2발을, 18일에는 평안남도 숙천 일대에서 동해상으로 노동미사일 1발을 발사한 바 있다.[48] 이에 따라 유엔 안전보장이사회(안보리)는 북한의 탄도미사일 발사를 규탄하는 언론 성명을 채택했다. 안보리는 2016년 3월 18일 미국 뉴욕 유엔본부에서 긴급회의를 하고 북한이 중거리 탄도미사일 2발을 동해로 발사한 데 대해 논의한 뒤 북한의 도발

을 강하게 비판하는 언론 성명을 채택하는 데 합의했다. 언론성명은 "지난 10일과 18일 북한의 탄도미사일 발사는 안보리 결의 위반"이라고 직시하고 강한 비난과 함께 심각한 우려를 표명했다.[49]

유엔 안전보장이사회는 2016년 4월 24일 북한의 잠수함 발사 탄도미사일(SLBM) 발사를 규탄하는 내용의 언론성명을 채택했다. 이는 북한이 4월 23일 오후 동해에서 SLBM을 발사한 것과 관련된 안보리의 공식 대응이다. 안보리는 언론성명에서 북한의 SLBM 실험을 강하게 비난한 뒤 SLBM 실험이 안보리 결의안을 위반한 것이라고 밝혔다. 안보리가 채택한 결의안 1718호(2006년), 1874호(2009년), 2087호(2013년), 2094호(2013년), 2270호(2016년) 등은 거리에 상관없이 북한의 탄도미사일 발사 실험을 금하고 있다.[50]

북한 조선중앙통신에 따르면 북한은 2016년 4월 30일 발표된 '정부·정당·단체 연합성명'을 통하여, 핵무기를 결코 포기하지 않을 것이고 이에 대한 제재도 통하지 않는다며 미국에 대북 적대시 정책을 중단할 것을 거듭 요구했다.[51] 북한은 2016년 6월 23일 김정은 노동당 위원장이 참관한 가운데 '중장거리 전략 탄도 로켓 화성-10' (무수단)의 시험발사에 성공했다고 밝혔다. 북한이 시험발사에 성공했다고 밝힌 '화성-10'은 무수단 미사일의 북한식 이름으로, 북한이 무수단 미사일을 '화성-10'이라고 밝힌 것은 이번이 처음이다. 화성-10, 즉 무수단 미사일 발사는 22일 오전 이뤄졌다.[52]

유엔 안전보장이사회가 2016년 6월 23일 북한의 탄도미사일 발사를 강력히 규탄하는 언론성명을 채택했다. 이는 북한이 한국 시간으로 22일 오전에 두 발의 중거리 탄도미사일을 발사한 데 대한 안보리의 공식 대응이다.[53]

유엔 안전보장이사회가 2016년 8월 26일 국제사회의 경고에도 불구하고 거듭되는 북한의 탄도미사일 발사를 강력히 규탄하는 언론성명을 채택했다. 안보리는 북한의 24일 잠수함발사탄도미사일(SLBM) 시험발사를 포함해 7~8월 실시된 4건의 탄도미사일 발사를 적시하면서 "안보리 회원국들은 이를 강력히 규탄한다"고 밝혔다.

최근 SLBM 발사 외에도 8월 3일과 7월 19일 탄도미사일 발사, 그리고 7월 9일 SLBM 발사가 대상이다. 안보리는 결의안 1718호(2006년), 1874호(2009년), 2087호(2013년), 2094호(2013년), 2270호(2016년) 등을 통해 거리에 상관없이 모든 종류의 탄도미사일 발사 실험을 못 하도록 하고 있다. 이에 따라 핵 실험, 미사일 발사 등 북한의 과거 도발 때마다 거의 예외 없이 규탄 성명을 발표했다.[54]

1-2. 북한 정권과 핵 문제

북한 김정은 국방위원회 제1위원장은 2016년 5월 6일 개막한 노동당 제7차 당 대회가 있는 날 밤 조선중앙TV를 통해 녹화 방영된 당 대회 개회사를 통해 "당 제7차 대회가 열리는 올해에 우리 군대와 인민은… 첫 수소탄시험과 지구관측위성 광명성 4호 발사의 대성공을 이룩하여 주체 조선의 존엄과 국력을 최상의 경지에서 빛내었으며… 전례 없는 노력적 성과를 이룩하였다"고 말했다고 조선중앙TV는 전했다.55)

김정은 북한 국방위원회 제1위원장이 2016년 5월 6일 노동당 대회에서 신설 직위인 당 위원장 자리에 올랐다. NHK와 교도통신, AP · AFP통신 등 외신에 의하면 김영남 최고인민위원회 상임 위원장은 이날 당대회가 열리고 있는 4 · 25 문화회관에서 일부 외신들의 대회 취재를 허용한 가운데 이같이 발표했다. 김 제1위원장은 2011년 김정일 위원장이 사망하자 인민군 최고사령관에 취임한 뒤 이듬해 당 제1서기에 오른 데 이어 이번에 당 위원장 자리에까지 등극하면서 당과 군에 걸친 절대적인 지위 구축 작업을 완성했다.56)

유엔 안전보장이사회가 2016년 11월 30일 채택한 대북 제재 결의안 2321호는 기존 제재의 틈새(loophole)를 메워 북한의 자금줄을 더 강하게 옥죄는 것을 목표로 하고 있다. 또 북한의 외교관계를 압박하는 동시에 추가 도발 시에는 유엔 회원국의 자격을 정지시킬 수 있다는 경고도 담았다. 이번 결의안은 북한의 핵 및 미사일 실험과 관련해 안보리가 채택한 8번째 제재안이다. 이번 결의안은 북한의 석탄 수출을 실질적으로 막을 수 있는 조치를 마련하는 데 많은 노력이 들어갔다. 지난 3월 채택된 2270호 결의안의 제재를 북한이 빠져나갈 수 없도록 그물을 더 촘촘하게 만들었다.

가장 핵심은 민생목적의 석탄 수출을 허용 한데서 발생하는 틈새를 메우는 것이었다. 안보리는 석탄수출의 상한을 설정하는 것으로 그물을 다시 짰다.

민생용인지 아닌지 구분하기 어려운 상황을 고려해 내년부터 연간 수출 규모를 4억 90만 달러(약 4천704억 원) 또는 750만t 중 낮은 쪽으로 설정했다. 이는 작년에 북한이 수출한 석탄의 38%에 해당하는 것으로, 62%가 감소하는 것이다.

수출 상한이 잘 지켜지는지를 감시하는 절차도 강화해 북한으로부터 석탄을 수입하는 나라는 매월 수입량을 30일 이내에 북한제재위원회에 통보해야 한다.

동(구리)·니켈·은·아연 등 다른 광물도 수출금지 품목에 포함시켰으며, 북한이 조형물을 만들어 외국에 판매하는 것도 봉쇄했다. 아울러 안보리 제재 결의 사상 처음으로 재래식 이중용도 이전금지 품목 리스트를 도입했다. 이는 민수용으로 수입한 뒤 군수용으로 전환해서는 안 되는 품목으로 북한제재위원회가 15일 이내에 구체적인 목록을 정한다.

이번 결의안이 이전 결의안과 다른 것은 북한의 유엔 회원국 권리를 박탈할 수도 있다는 경고가 들어간 것이다. 안보리로부터 예방조치 또는 강제조치의 대상이 되는 회원국은 총회가 안보리의 권고에 따라 회원국 권리와 특권을 정지시킬 수 있다는 문구를 명확히 담았다. 북한의 외교 창구인 외국의 공관과 영사관의 직원을 축소하도록 촉구하는 표현도 주목받는 부분이다. 또 북한 외교관이 밀수 등에 관여하는 것을 경고하는 차원에서 상업적 활동을 해서는 안 된다는 사실도 강조했으며, 북한이 외국에 보유한 부동산을 외교 또는 영사활동 외에는 사용하지 못하도록 강제하는 내용도 담겼다.

안보리는 석탄 등 광물에 대한 수출 금지만으로 북한의 수출이 연간 8억 달러 줄어들 것으로 추정하고 있다. 북한의 연간 수출 규모가 30억 달러인 것을 고려하면 27%에 해당하는 금액이어서 북한 정권에 큰 타격이 될 것으로 보인다. 북한 노동자들이 외국에서 벌어들이는 외화가 핵·미사일 프로그램 비용으로 조달된다며 회원국에 주의를 촉구했다.[57]

유럽연합(EU)은 2016년 12월 9일 북한의 5차 핵실험에 대한 대응으로 유엔 안전보장이사회가 최근 채택한 유엔 안보리 결의 2321호를 이행하기 위한 법령을 공포했다. EU 집행위는 이날 관보를 통해 '집행위 이행규정 2016/2215호'를 발표, 안보리 결의 2321호에서 제재 대상으로 명시한 박춘일 주(駐)이집트 대사를 비롯한 개인 11명, 신광경제무역총회사를 포함한 기관 10곳을 EU의 대북 제재 대상으로 반영했다. 집행위는 이어 이들 개인과 기관에 대한 제재는 즉각적으로 효력을 갖게 된다고 덧붙였다. 이에 따라 EU의 대북 제재 대상 개인은 38명, 기관은 39개로 늘었다.[58]

남측이 북한의 5차 핵실험에 대응해 독자적인 대북제재에 나선다.

북한 황병서 총정치국장과 최룡해 당 부위원장 등 개인 36명과 단체 35곳을 제재 대상으로 추가 지정됐다. 남측정부는 북한산 물품이 제3국을 우회해 위장반입 되는 것을 엄격히 차단하기 위해 운영 중인 집중 관리대상품목을 기존 농수산물 22개에서 유엔 제재대상 광물 11개를 추가해 총 33개 품목으로 확대하기로 했다. 또, 최근 1년간 북한을 기항한 적이 있는 외국 선박의 경우 국내 입항이 전면 금지된다. 기존 180일 조건을 두 배 확대한 조치다.[59]

미국의 대북 제재대상 대량파괴무기 이어 석탄-원유-국외노동력 분야로 전방위 확대한다. 미국 정부는 2016년 12월 2일 북한의 핵과 미사일 개발 관련 단체 16곳과 개인 7명에 대한 독자제재를 단행했다. 미 재무부 해외자산통제국(OFAC)은 이날 대통령 행정명령 13382호와 13722호 등에 근거해 이들을 독자제재 명단에 올렸다. 특히 독자제재 대상에 북한의 대량파괴무기 및 국외노동력 운송 수단이라는 의혹을 받아온 고려항공도 포함시켰다.[60]

도널드 트럼프 행정부가 지난달 31일(2017년 3월 현지시간) 북한 김정은 정권에 대해 무더기 제재를 가했다. 이번 발표는 북한이 6차 핵실험에 나설 것이라는 징후들이 포착된 가운데 나왔다. 미 재무부 산하 해외재산통제국(OFAC)은 이날 대북제재 행정명령 13382호, 13722호를 발표하며 북한 기업 1곳과 개인 11명을 미국의 독자 제재대상에 추가로 포함시켰다. 미 재무부는 이 같은 무더기 제재는 북한이 대량

살상무기(WMD)를 개발하고 유엔 안전보장이사회(안보리) 결의안을 계속해서 위반하는 데 따른 조치라고 설명했다. 트럼프 행정부는 제재 대상에 북한 기업 및 북한 인사들과 거래하는 제3국의 기업과 단체에 대해서도 제재를 가하는 '세컨더리 보이콧'을 검토 중이다.[61]

1-3. 북한의 인권 문제

미국 정부가 2016년 7월 6일 김정은 북한 노동당 위원장을 인권문제와 관련한 제재대상에 올림으로써 북미 관계는 당분간 복원이 쉽지 않을 정도로 악화할 전망이다. 북한의 신적 존재인 최고지도자로 최근 국무위원장으로 추대된 김 위원장을 국제사회의 '인권 범죄자'로 낙인 찍어 모욕을 준 것이어서 북한 정권의 상당한 반발이 예상되기 때문이다.

미 국무부는 2016년 6월 30일 발표한 연례 인권보고서에서 인신매매 방지활동과 관련해 북한을 14년 연속 최하 등급인 '3등급'으로 지정하면서 "8만~12만 명의 정치범이 수용소에 갇혀 있다"며 "강제노동은 체계화된 정치적 억압의 체계"라고 비판했다. 유엔 인권이사회 북한인권조사위원회(COI) 보고서도 "북한에서 이념에 도전하는 사람들은 사법절차 없이 정치범수용소로 사라진다"며 "수용소에서 굶주림과 처형·고문·성폭행·낙태가 저질러진다"고 밝혔다.[62]

북한 인권 상황을 국제형사재판소(ICC)에 회부하고 인권 유린의 책임을 물어 김정은 노동당 위원장을 처벌하도록 권고하는 결의안이 유엔총회에서 통과됐다. 유엔총회 3위원회는 11월 15일(2016년) 미국 뉴욕 유엔본부 1회의장에서 회의를 열고 북한 인권 결의안을 컨센서스(일치된 의견)으로 채택했다.

북한은 작년과 달리 투표를 요구하지 않아 이날 컨센서스로 결의안이 채택됐다. 이 결의안은 다음 달 유엔총회 본회의를 거쳐 최종 확정된다. 일본과 유럽연합(EU)이 만들고 70여 개국이 공동스폰서로 참가한 올해 결의안은 아직도 광범위하고 체계적으로 자행되는 북한의 인권 유린을 비난했다.

정치범 강제수용소 감금과 고문, 강간, 공개처형 등을 인권 유린 사례로 적시했다. 그러면서 북한 인권 상황을 ICC에 회부하고 인권 유린 책임자에 대한 처벌의 필요성을 주장했다. 또 인권을 희생하는 대가로 핵 및 미사일을 개발한다는 우려도 처음으로 담았다. "열악한 인권 상황 위에서 자원을 핵무기 및 탄도미사일 프로그램으로 전용하는 것을 심각하게 우려한다"고 적었다.

아울러 외국에서 외화벌이하는 북한 노동자의 인권 침해 우려와 납북 외국인을 즉각 석방하라는 주장도 처음으로 포함됐다. 이날 북한은 미국의 주도로 북한 체제를 무너뜨리려는 정치적인 행위라면서 미국을 강하게 비난했다. 중국과 러시아, 시리아, 이란, 쿠바, 베네수엘라 등도 결의안 채택에 반대한다는 뜻을 밝혔다. 북한은 회의 도중 회의장을 나가 별도 기자회견을 열고 다시 강하게 반발했다.[63]

미국 정부가 김정은 북한 노동당 위원장에 이어 여동생인 김여정 노동당 선전선동부 부부장을 인권유린 혐의로 제재대상에 올렸다. 미 국무부는 북한 인권유린 실태에 관한 2차 보고서를 의회에 제출했고, 재무부는 이를 토대로 개인 7명과 기관 2곳을 추가로 제재했다.

김여정 외에 김원홍 국가안전보위부장, 최휘 노동당 선전선동부 제1부부장, 민병철 노동당 조직지도부 부부장 등 모두 7명이 제재 대상에 포함됐다. 기관으로는 북한 경제 계획을 총괄하는 국가계획위원회와 노동성도 포함됐다.[64]

미국 국무부가 2017년 3월 3일 2017년 '2016 국가별 인권보고서'를 발표하고 북한에 만연한 초법적 처형과 고문, 정치범 수용 등 가혹한 반(反) 인권적 현실을 지적했다. 국무부는 보고서에서 "북한 주민들은 자신들의 정부를 선택할 권리를 갖고 있지 않다.

북한 정권은 의사표현, 언론, 집회, 결사, 종교, 거주, 근로의 자유를 포함한 주민 삶의 많은 부분을 엄격히 통제했다"고 밝혔다. 이어서 "북한 정권은 지난해(2016년) 9월까지 64번의 공개 처형을 수행했다"고 기록했다.

국무부는 또한 "북한 정권이 목숨까지 앗아갈 수 있는 가혹한 환경의 정치범 수용소 망(網)을 운영하고 있다"며 이곳에서는 강제노역이 자행되고 있다고 전했다. 전(全) 수용소 체계에는 총 8만~12만 명이 있는 것으로 추정된다고 밝혔다.[65]

1-4. 주변국의 동향

일본의 집단적 자위권 행사를 가능케 하고 자위대의 해외활동 범위를 확대하는 것을 주요 내용으로 하는 일본의 '안전보장법제(안보법제)'가 2016년 3월 29일 0시를 기해 공식 발효됐다.

집단적 자위권을 동맹 또는 우방국이 다른 나라로부터 무력 공격을 받았을 경우 자국(自國)에 대한 공격과 동일한 것으로 간주하고 반격할 수 있는 권리로서 역대 일본 정권은 제2차 세계대전 패전 이후 만들어진 현행 헌법 제9조, 이른바 '평화헌법'에 따라 이를 행사할 수 없다고 판단해왔었다.

그러나 안보법제 시행은 2차 대전 이후 70년간 유지해온 '전수(專守) 방위'(외국 등으로부터 무력 공격을 받았을 때만 최소한의 방위력 행사) 원칙이라는 일본 방위정책의 근간을 바꾼 것으로서 일본이 전쟁을 할 수 있는 '보통국가'로의 전환에 한 걸음 더 다가섰음을 의미한다.

이날 본격 시행에 들어간 일본의 안보법제는 '자위대법'과 '무력공격사태법' 등 총 10개의 관련 법률을 개정하는 내용의 '평화안전법제정비법'과 외국군 후방지원을 위해 자위대를 수시로 해외에 파견할 수 있도록 하는 내용을 담은 신법인 '국제평화지원법' 등 크게 2개 법률로 구성돼 있다.[66]

미국의 존 케리 국무장관은 2017년 1월 5일 도널드 트럼프 차기 정부가 직면할 심각한 위협 중 하나로 북핵 문제를 꼽았다. 케리 장관은 이날 내각과 직원들에게 보낸 '고별 메모'를 통해 "북한의 핵 프로그램은 오늘날 미국이 직면한 '가장 중대한' 위협에 속해 있다"면서 "미국은 북한을 핵보유국으로 인정하지 않고 있고 앞으로도 절대 인정하지 않을 것"이라고 밝혔다. 그는 또 "북한의 도발적이고 역내 불안정을 일으키는 행위는 북한을 더욱 고립시키고 주민들을 피폐하게 만들고 있다. 북한은 계속해서 유엔 안보리 결의를 노골적으로 위반하고 있다"고 비판했다.[67]

중국은 지난주(2017년 3.6~3.10일) 북한의 핵개발 중단 조건으로 한국과 미국이 합동군사훈련을 중단해야 한다고 밝힌 자국의 제안이 한반도 긴장 완화를 위한 유일하게 실현 가능한 방안이라고 거듭 강조했다. 앞서 왕이(王毅) 중국 외교부장은 "북한이 핵개발을 중단하는 조건으로 한미합동군사훈련도 중단해야 한다. 미국과 북한은 대화로 문제를 풀어야 한다"고 지난주 말했다.[68]

렉스 틸러슨 미국 국무장관이 일본 방문에서 '새 대북접근법'이 필요하다며 '중국 역할론'을 강조하자 중국 당국이 관영 매체를 통해 "북핵 위기를 중국 혼자서는 풀 수 없다"면서 '공동책임론'으로 응수했다. 관영 환구시보(環球時報)는 3월 17일(2017년) 사평(社評)에서 "북한은 핵·미사일 실험의 일방적 중단을 거절하고, 미국과 한국은 새로운 해법이 없이 중국의 대북 압박이 부족하다고 원망만 하고 있다.

미국은 중국이 대북 제재를 강화하지 않으면, 북한과 거래하는 중국 기업과 은행에 압력을 넣을 준비를 하고 있다"며 이런 해법을 제시했다. 환구시보는 대북 문제의 해법에 대해 왕이(王毅) 외교부장이 양회 기자회견에서 제안한 '쌍중단'(雙中斷 · 북한 핵 · 미사일 도발 중단과 한미 연합군사훈련 중단)과 '쌍궤병행'(雙軌竝行 · 비핵화 프로세스와 북한과의 평화협정 협상)을 해결책으로 제시했다.[69]

러시아는 북한과의 대화를 거부하고 군사적 대응을 포함한 전면적 압박 강화 방침을 천명한 미국의 새로운 대북 접근법을 강하게 비판하고 나섰다. 리아노보스티 통신 등에 따르면 러시아 외무부와 의회 지도부 등은 2017년 3월 17일 니키 헤일리 유엔 주재 미국대사가 미국의 6자 회담 복귀거부 방침을 밝힌 데 이어 한국을 방문한 렉스 틸러슨 미 국무장관이 북한과의 대화 거부와 대북 압박 강화, 군사행동 불사 등의 강경 입장을 표명한 데 대해 심각한 우려가 섞인 비판적 입장을 밝혔다.[70]

미국 의회가 북한의 모든 자금줄을 차단하기 위한 초강력 대북제재 법안을 발의했다. 북한의 원유 수입 봉쇄와 연간 수조원 규모의 노동력 송출을 차단하고, 테러지원국 재지정을 촉구하는 내용 등이 골자다. 미 의회나 유엔의 기존 제재안에서 빠진 사항들을 꼼꼼히 담은 이번 법안이 시행될 경우 북한의 경제적 타격이 심각할 것으로 예상된다. 하원 외교위원회 에드 로이스 위원장은 2017년 3월 21일 북한에 대한 초강력 제재 내용을 담은 법안을 공화 · 민주 양당 공동으로 발의했다고 밝혔다. 법안은 또 이 법이 발효된 이후 90일 이내에

미 행정부가 북한을 테러지원국으로 지정하는 것을 검토한 뒤 그 결과를 의회에 보고하도록 했다.[71]

미국 국무부가 북한을 테러지원국으로 재지정하는 문제와 관련해 모든 증거를 철저히 검토할 것이라고 밝혔다고 미국의 소리 방송(VOA)이 4월 5일(2017년) 보도했다. 앞서 미국 하원은 3일(현지시간) 북한을 테러지원국으로 재지정하는 법안을 압도적인 찬성표로 통과(찬성 398표·반대 3표)시켰다.[72]

일간 월스트리트저널(WSJ)은 4월 11일(2017년) 미국 고위 당국자를 인용, 트럼프 대통령이 경제·정치적 압박을 강화하고 군사옵션은 장기 검토하는 내용의 대북정책 접근법을 승인했다고 보도했다. 새 대북 접근법은 지난 6~7일 트럼프 대통령과 시진핑(習近平) 중국 국가주석의 회담을 앞두고 채택됐다고 WSJ은 덧붙였다.

이 방안에는 중국이 북한에 대한 지원을 줄이도록 압박하고, 중국 등 북한의 다른 동맹국이 이를 따르지 않을 경우 중국을 겨냥한 '세컨더리 보이콧'(제3자 제재) 등을 채택하는 방안도 포함됐다. 군사력 사용을 포함한 다른 옵션들은 "일단 미뤄둔 상태"(on the back burner)라고 이 관계자는 전했다.[73]

2. 남중국해 분쟁

　남중국해의 영토 분쟁은 남중국해를 둘러싼 여러 나라의 섬과 해안의 영유권 분쟁을 지칭한다. 스프래틀리 군도(남사군도) 분쟁, 메이클즈필드 천퇴(중사군도) 분쟁, 파라셀 제도(시사군도) 분쟁, 스카버러 암초 분쟁, 나투나 제도 주변 수역 분쟁 등이 있다.

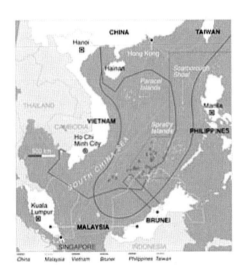

남중국해의 영유권 주장 출처 W 남중국해의 영토 분쟁 – 위키백과

이 지역에 직접 영유권 분쟁을 벌이지 않고 있는 국가들은 항행의 자유(Freedom of Navigation)를 보장할 것을 요구하고 있다. 각 나라들의 관심사는 스프래틀리 군도와 파라셀 제도의 어업권에 관한 것이다. 또한, 남중국해에는 천연가스나 석유가 매장되어 있을 가능성이 높기 때문에, 자원 분쟁의 성격을 띠고 있다. 또한, 중국은 이 지역에 대한 영유권을 주장하면서, 동남아시아에 전략적 기지를 건설하고, 항로를 확보하고자 한다.[74]

2-1. 관련 당사국의 주장과 입장

2015년 3월 후반에 오스트레일리아에서 발표한 미국의 해리 B. 해리스 미해군 제독은 중국이 남중국해의 대부분의 소유를 확보하기 위한 최근의 조치로 1.5평방 마일의 인공 육지를 만들었다고 주장한 바 있다. 또 모든 관련 국가들이 무장 충돌을 촉발할 수도 있는 불상사를 두려워하고 있다고 하였다.[75]

존 케리 미국 국무장관은 8월 6일(2015) 중국을 겨냥해 미국은 남중국해에서 항해와 비행의 자유를 제한하는 것을 용납하지 않을 것이라고 경고했다. 케리 장관은 이날 말레이시아 쿠알라룸푸르에서 열린 아세안지역안보포럼(ARF) 외교장관회의에 참석, 이같이 밝혔다고 AP통신 등 외신들이 전했다.[76]

중국이 남중국해 영유권 주장의 근거로 1982년 합의된 유엔해양법협약(UNCLOS)을 들고 나왔다. 이 협약에 가입하지 않은 미국이 자국 군함의 무해통항권(無害通航權)을 주장하는 것은 어불성설이라는 것이다. 중국의 관영 영문일간 차이나데일리는 10월 29일: 유엔해양법협약 조항에 근거해 남중국해 스프래틀리 군도(南沙群島)의 암초 및 환초 매립공사가 중국이 영유권을 보유하고 있는 자연섬에서 이뤄졌다고 주장했다.

중국은 유엔해양법협약 13조상의 '간조노출지의 전부 또는 일부가 본토나 섬으로부터 영해의 폭을 넘지 아니하는 거리에 위치한 경우 그 간조노출지의 저조선을 영해기선으로 사용할 수 있다'는 조항을 영유권 주장의 근거로 들었다.[77]

중국 국방부는 자국이 남중국해의 인공섬에 고주파 레이더를 구축하고 있다는 지적에 대해 자위권 수호를 위한 정당하고도 합법적인 행위라고 주장했다. 중국 국방부 신문국은 2월 23일(2016년) 중국이 남중국해 인공섬에 건설중인 시설물은 항로안내, 기상장비 등 국제사회에 서비스를 제공하기 위한 민간 용도로 일부 필요한 국토방위시설은 국제법이 부여한 자위권 행사를 위한 것이라고 강조했다.[78]

중국은 일본에서 열린 주요 7개국(G7) 외무장관회의에서 자국의 해양진출 움직임을 견제하는 취지의 성명이 채택된 데 대해 주중 일본 대사를 비롯한 G7국 대표들을 초치해 항의했다. 루캉 중국 외교부 대변인은 4월 13일(2016년) 정례브리핑에서 관련 질문에 대해 "G7 외무장관회의에서 발표한 성명에 잘못된 부분이 있었다"며 "우리는 관련 당사국 대사관을 초치해 중국의 입장을 분명히 밝혔다"고 말했다.
앞서 존 케리 미국 국무장관과 기시다 후미오(岸田文雄) 일본 외무상을
비롯한 G7 외무장관들은 11일 히로시마(廣島)에서 이틀간 열린 회의를
마치며 '해양안전보장에 관한 G7 외무장관 성명'을 채택했다.

이 성명엔 "동·남중국해 상황을 우려한다", "현상을 변경하고 긴
장을 고조시키는 모든 위협적·위압적·도발적인 일방적 행동에 강
한 반대를 표명한다"는 등의 내용이 포함됐다.[79)]

미국·일본·독일 등 주요 7개국(G7)은 일본 미에(三重)현 이세시마
(伊勢志摩)에서 열리는 G7 정상회의(2016년 5월 26~27일)의 결과물로 채택
될 정상 선언에 남중국해 섬의 군사기지화를 추진 중인 중국을 견제
하는 내용을 선언에 포함할 것으로 알려졌다. 선언 초안은 "우리는
각국이 국제법에 근거한 주장을 하고 긴장을 고조시킬 수 있는 일방
적 행동을 자제하고, 자신의 주장을 관철하기 위해 힘과 위압을 사용
하지 말 것, 분쟁 해결을 위해 중재 절차를 포함한 평화적 수단을 추
구하는 것이 중요함을 재확인한다"는 문안을 담았다.

더불어 동중국해 및 남중국해의 상황에 우려를 표하고 분쟁의 평
화적 관리와 해결의 중요성을 강조하는 내용이 들어간 G7 외교장관
들의 '해양안보성명'을 정상 차원에서 보증하는 내용도 초안에 들어
갔다.[80)]

일본에서 열리는 주요 7개국(G7) 정상회의(2016년 5월 27~28일)에서 중

국의 해양진출을 견제하려는 움직임에 대해 중국 당국이 반발하고 나섰다. 화춘잉 중국 외교부 대변인은 5월 25일(2016년) 정례브리핑에서 "남중국해에서 벌이고 있는 중국의 관련 행동은 완전히 정당하고 합법적이며 우리는 이 지역에서의 권익이 침해받지 않도록 할 권리가 있다"고 밝혔다.

한편 중국, 러시아, 카자흐스탄 등이 정식 회원국으로 있는 상하이 협력기구(SCO)는 전날 성명에서 남중국해 분쟁과 관련 우회적으로 중국을 지지하고 있음을 시사했다. SCO는 "모든 분쟁은 당사국 간의 담판과 협상을 통해 평화적으로 해결해야 하며 국제적인 이슈화와 외부세력의 간섭에 반대한다"고 밝혔다.[81]

중국이 군사기지화를 확대하는 남중국해의 시사군도(西沙群島 파라셀)에서 대규모 항만공사를 벌이고 있다고 중앙통신과 로이터 통신이 3월 15일(2017년) 보도했다. 이들 통신은 지난 6일 촬영한 위성사진을 분석한 결과 융싱다오(永興島 우디) 북쪽에 있는 베이다오(北島)에서 항만을 건설하기 위한 지반공사가 진행하고 있는 모습이 포착됐다고 전했다. 시사군도는 중국이 실효 지배하고 있으나 1970년대 해상전쟁 끝에 내쫓긴 베트남, 여기에 대만도 영유권을 주장하고 있다. [82]

미국 국방부가 중국이 남중국해와 관련해 과도한 영유권 주장을 펴고 있다고 공식 비판했다. 이에 중국 외교부는 "미국이 패권적 논리를 펴고 있다"며 강하게 반발했다. 미 국방부는 4월 25일(2016년)

발간한 2015년도 '항행의 자유(FON)' 보고서에서 "중국을 포함한 13개 국이 지나치게 해양 영유권을 주장했다"고 지적했다. 미 국방부는 중 국의 과도한 영유권 주장 사례로서 직선기선(영해의 폭을 측정하는 직선으 로 된 기선)을 과도하게 설정하고 배타적 경제수역(EEZ) 위의 영공에 대 한 관할권을 주장했다고 밝혔다. 또 영공에 진입할 의도 없이 방공식 별구역(ADIZ)을 비행하는 외국 항공기를 제한하고 외국 업체들이 EEZ 에서 벌이는 탐사활동을 범죄화하는 국내법을 제정했다고 미 국방부 는 지적했다.

미 국방부는 특히 중국이 영해를 통과하는 외국 군함의 무해통항 에 대해 사전승인을 요구한 사실이 있다고 비판했다.[83]

미국 국방부는 5월 13일(2016년) 발표한 보고서를 통해 중국이 남중 국해 스프래틀리 제도(중국명 난사군도)에 3,200에이커(12.9㎢) 규모의 인 공섬을 매립했다고 주장했다. 또 중국이 필리핀과 베트남 사이에 위 치한 피어리 크로스 암초에 2014년부터 길이 3km 규모의 활주로를 건설했다고 명시했다. 최근에는 인공섬에 '인프라 시설' 등을 확충하 고 있다고 지적했다.[84]

미국이 남중국해(South China Sea)에서의 순찰을 지속할 것이라고 AFP통신이 7월 20일(2016 현지시간) 보도했다. 중국을 방문 중인 존 리 차드슨(John M. Richardson, admiral) 해군 작전사령관(Chief of Naval Operations 해군 참모총장)은 "미국 해군은 남중국해(South China Sea)를 포 함해 전 세계에서 합법적인 작업을 수행할 것"이라고 말했다. 앞서 우성리(吳勝利) 중국 인민해방군 해군사령관은 7월 18일 베이징에서 존 리처드슨 미국 해군참모총장을 만나 "우린 남중국해의 주권과 권익을 절대로 희생시키지 않는다"며 중재 판결을 수용하지 않겠다는 입장을 거듭 강조했다.[85] 미국이 남중국해에서 '항행의 자유'[86] 작전을 재개하고 중국이 이에 강력히 반발하면서 양국 간 긴장이 고조되고 있다.[87]

2-2. 해결책의 추구

남중국해 도서를 둘러싼 중국과 필리핀의 영유권 분쟁이 국제재판소인 네덜란드 상설중재재판소(PCA · Permanent Court of Arbitration)에서 다뤄지게 됐다.

제소 당사국인 필리핀은 이에 대해 "공명정대한 해결책"이라며 환영입장을 밝힌 반면, 중국정부는 필리핀 당국을 비난하는 한편 PCA 결정은 "권한 남용", "무효"라고 주장하며 격하게 반발했다. 국제 분쟁을 다루려고 네덜란드 헤이그에 설립된 PCA는 10월 29일: 필리핀이 제기한 남중국해 도서를 둘러싼 분쟁이 PCA의 관할권에 속한다고 성명을 통해 밝혔다고 AP통신 등 외신들이 보도했다.[88]

네덜란드 헤이그(The Hague)의 상설중재재판소(PCA · Permanent Court of Arbitration)는 7월 12일(2016 현지시간) 중국 · 필리핀 간 남중국해(South China Sea) 영유권 분쟁에 관련한 중재판결에서 중국이 주장하는 '남해

9단선'에 대해 법적인 근거가 없으며 무효하다고 판결했다. PCA는 중국의 9단선에 대한 역사적인 실효지배 권리를 갖고 있지 않으며, 남중국해(South China Sea) 유역에 대한 역사적 소유권도 갖추고 있지 않다고 밝혔다. 중국의 9단선 주장은 유엔해양법조약에 위배된다는 결론이다.

PCA는 남중국해 스프래틀리 제도(중국명 난사군도·南沙群島)에서 중국 측의 어떤 배타적경제수역(EEZ) 200해리(약 370.4㎞)도 인정하지 않으며, 토마스사주(중국명 런아이자오·仁愛礁)에 대해서도 중국 측 권리가 없다고 밝혔다. PCA는 중국이 스프래틀리 제도 내 스카버러 암초(중국명 황옌다오·黃巖島)에서 필리핀의 전통적 어업을 방해해 왔으며, 중국 선박이 필리핀 선박에 심각한 충돌 위험을 야기했다고 지적했다.

이외에도 필리핀 팔라완 섬 인근 리드뱅크 부근에서 자원탐사를 진행함으로써 필리핀의 주권을 침해했으며, 중국 측의 행동은 필리핀과의 분쟁을 악화시켰다고 비판했다.

또 중국은 스프래틀리 제도 내 암초 생태계에 영구적이고 돌이킬 수 없는 훼손을 가했다고 우려했다. PCA는 스프래틀리 제도 내에 있는 이투 아바 섬에 대해서도 단순한 '암석'에 불과하며 EEZ를 발생시키지 않는다고 덧붙였다.[89]

중국의 루캉 외교부 대변인은 7월 11일(2016년) 정례브리핑에서 "남중국해 중재 판결은 시작부터 적법하지 않았고, 중국은 유엔해양법조약 등 국제법을 준수해왔다"고 주장하며 "수많은 국가들이 중국 입장에 대한 지지를 표시했다"고 밝혔다.90) 미국과 일본은 당장 "판결을 수용하라"며 중국을 압박했다.

그러나 중국은 시진핑 국가주석까지 나서 "절대 수용할 수 없다"며 배수진을 쳤다. 왕이 외교부장은 "법이란 미명 아래 만들어진 정치적 광대극"이라고까지 했다. 한편, 동남아국가연합(아세안)은 사분오열의 기로에 섰다.

중국과 가까운 캄보디아와 라오스는 "PCA의 판결을 인정할 수 없다"고 밝혔다. 하지만 남중국해 분쟁 당사국인 베트남, 말레이시아 등은 이번 판결에 힘입어 중국에 맞서는 유사한 소송을 낼 채비를 하고 있다.91)

3. 센카쿠 열도 분쟁

센카쿠열도(尖閣列島 일본)/댜오위다오(釣魚島 중국)/댜오위타이(釣魚臺 대
만)은 일본 오키나와의 서남쪽 약 410km, 중국 대륙의 동쪽 약 330
km, 대만의 북동쪽 약 170km 떨어진 동중국해상에 위치한 8개 무인
도(5개 도서와 3개 암초)로 구성되어 있으며, 총면적은 6.32km²이다. 현재
일본이 실효지배하고 있으며, 일본, 중국과 대만이 영유권을 주장하
고 있다. 동중국해에 있는 무인도인 댜오위다오를 둘러싼 중국과 일
본의 영유권 분쟁으로, 동북아의 화약고이다.

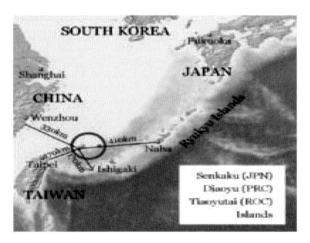

센카쿠열도(尖閣列島) 위키백과

9월 11일은 일본 정부가 2012년 센카쿠 열도 국유화를 선언한 지 3년이 된 날이다. 당시 일본은 사유지였던 섬 3곳을 사서 국유지로 만들었다. 오늘날, 댜오위다오 부근 바다는 중국 어업지도선과 100톤 이상 대형 어선이 판을 치고 있다.

일본 해상자위대는 중국의 국지적 '침공에' 대비해 수륙기동단을 2018년까지 만들기로 했다. 미국은 2차 세계대전 이후 오키나와와 함께 댜오위다오를 일본에 넘겨주었다. 미국은 일본 영토인 센카쿠 열도가 제3국의 침입을 받으면 즉각 개입하겠다고 거듭 강조하고 있다.

한국, 일본, 중국이 중동에서 석유를 들여올 때 반드시 댜오위다오 부근 해역을 지나야 한다. 미국과 일본 입장에서는 중국의 해양진출을 막는 데 필수적인 거점이다. 중국도 적극적인 해양진출을 위해 반드시 필요한 곳이다. 더욱이 댜오위다오 바다 밑에는 엄청난 천연자원이 묻혀 있다.[92]

일본이 센카쿠제도를 국유화했지만, 중국은 이를 인정하지 않고 자국 영토라고 주장하며 해군력과 공군력을 강화하고 있다. 일본 정부는 2016회계연도(2016년 4월~2017년 3월) 방위예산을 사상 처음 5조 엔(약 48조 원)대로 편성하는 방안을 추진 중이라고 마이니치신문이 11월 29일 보도했다. 증액이 검토되는 항목은 중국의 해양진출 강화를 염두에 둔 낙도 방위력 강화 비용 등이라고 이 매체는 전했다. 일본 언론에 따르면 일본 정부는 2018년도까지 동중국해 센카쿠제도(중국명

다오위다오)에 인접한 미야코지마(宮古島)에 700~800명, 오마미오시마(奄美大島)에 550명의 경비부대와 미사일 부대를 배치한다는 방침을 정해 놓은 상태다.93)

중국과 일본 간 영유권 갈등이 이어지고 있는 동중국해에서 중일 양국 간 해상전력이 역전된 것으로 나타났다. 싱가포르 연합조보(聯合早報)는 6월 8일(2016년) 미국 전략국제문제연구소(CSIS)의 최신 보고서를 인용해 앞으로 동중국해 댜오위다오[釣魚島·일본명 센카쿠(尖閣)열도] 영유권 공방전에서 중국이 일본보다 우세를 차지할 것이라고 보도했다.

보고서는 중국이 동중국해 해역의 해군 전력을 강화하는 것 외에도 해경의 경비 및 순시 역량을 대폭 증강하면서 이 해역의 평시 해상전력에서 중국이 우위를 보이기 시작했다고 전했다. 중일 양국의 보고자료를 종합해 분석한 결과 댜오위다오까지 다다를 수 있는 1천t급 이상의 함정 전력은 2013년까지만 해도 일본이 우위에 있었으나 2014년에는 일본이 54척, 중국이 82척을 보유하고 있는 것으로 파악됐다.94)

동중국해를 둘러싸고 일본이 미국, 인도와 손을 잡고 인근 수역에서 공개적으로 연합훈련을 벌이는 등 압박 전선을 구축하고 나선 것에 대하여, 중국은 이에 반발해 그간 미국·일본이 내세워 온 '항행의 자유'를 명목으로 일본 영해를 통과하거나 일본과 손잡은 국가의 선박을 사실상 추적하는 등 반발하고 있다. 6월 9일(2016년) 0시 50분께 중국 해군 소속 프리깃함 1척이 센카쿠 열도 구바지마 북동쪽으로 접근한 것이 시작이다.

이 군함은 일본이 '접속수역'(연안서 22~44㎞ 구간)으로 규정한 해역 내에서 2시간 20분가량 항해했다. 같은 날 오전 2시에 청융화(程永華) 주일 중국대사가 일본 외무성에 불려가 항의를 받았고 일본 정부 대변인인 스가 요시히데(菅義偉) 관방장관이 "우리나라(일본)의 영토와 영해를 단호히 지킬 것"이라고 논평했다. 그러나 중국 정부는 "중국 해군 함정들이 우리가 관할권을 가진 해역을 항행하는 것은 이치에 맞고 합법적인 일"이라며 센카쿠 열도가 일본 영토임을 전제로 하는 주장을 일축했다.[95]

8월 6일(2016년) 동중국해 센카쿠(尖閣) 열도(중국명 댜오위다오·釣魚島) 주변 해상에 200척이 넘는 중국 선박이 출현했다고 일본 언론들이 보도했다. NHK와 아사히신문 등에 따르면 일본 외무성은 이날 오전 8시 5분쯤 센카쿠 열도 주변 일본 측 접속수역에서 중국 해경선 6척과 어선 약 230척이 항해하고 있는 것을 확인하고 주일본 중국대사관을 통해 중국 측에 항의했다고 밝혔다.[96]

아베 신조(安倍晋三) 일본 총리가 오키나와(沖縄)현 센카쿠(尖閣) 열도(중국명 댜오위다오·釣魚島) 주변에서 중국 공선(公船)의 항해가 계속되고 있는 문제에 대해 8월 8일(2016년) "단호한 대응"을 지시했다.[97]

일본 자위대는 중국의 센카쿠 열도(댜오위다오) 침공 등을 전담해 막기 위한 해병대 기능의 수륙기동단 편성에 본격 착수했다고 산케이 신문과 지지(時事) 통신이 3월 28일(2017년) 보도했다.

이들 매체에 따르면 육상자위대는 낙도 방위를 주임무로 하는 내년 3월 말 수륙기동단의 정식 출범에 앞서 부대원을 훈련시키는 교육대를 전날 나가사키(長崎)현 사세보(佐世保) 아이노우라(相浦) 기지에 설치했다. 90명으로 이뤄진 수륙기동단 교육대는 앞으로 부대원으로 차출되는 인원에 대해 수륙양용차 조종과 정비 방법을 훈련시키고 부대 운용과 수륙양용 작전 전술도 연구한다.

수륙기동단은 미국 해병대를 모델로 한 부대로 육상자위대 서부방면 보통과(보병) 연대를 중심으로 3,000명 규모로 만든다.[98]

4. 크림 반도 합병과 우크라이나 내전

  2013년 12월부터 시작된 우크라이나 반정부 시위가 2014년 2월 빅토르 야누코비치 대통령의 퇴진과 야권 주도의 임시정부 설립으로 이어지자, 친러시아 지역인 크림반도에서는 임시정부를 반대하는 집회가 계속됐다. 이에 러시아군이 2014년 2월 27일부터 무장병력을 투입해 크림반도의 주요 시설들을 점령한 데 이어, 3월 1일 러시아 상원이 우크라이나에서의 군사력 사용을 만장일치로 승인하고 크림 공화국에 러시아군을 주둔시키면서 사실상 이 지역은 러시아의 지배 하에 들어갔다.

우크라이나 지도 〈By RGloucester @Wikimedia Commons (CC BY)〉

이로 인해 우크라이나와 러시아 간의 전쟁 위기가 고조되기도 했다. 그러다 크림 의회가 3월 6일 러시아와의 합병을 결의하고, 합병에 대한 찬반의사를 묻는 주민투표를 실시할 것을 결정했다. 3월 11일에는 우크라이나로부터 독립을 선포하여 크림 공화국을 결성하고, 16일 러시아와의 합병을 위한 주민투표를 실시, 96.6%의 압도적인 찬성으로 러시아 합병을 추진하게 되었다.

우크라이나 정부와 서방은 크림 공화국의 러시아로의 합병을 두고, 「영토 변경은(주민투표가 아니라) 국민투표를 통해 결정한다.」는 우크라이나 헌법 조항에 따라 이는 무효라는 입장이다. 이에 대해 러시아는 「국민의 기본 권리와 자결 원칙의 존중」을 규정한 유엔 헌장을 내세워 이번 투표에 합법성을 부여하고 있다.[99]

러시아 정부가 2월 15일(2017년) 미국 백악관의 '크림반도 반환' 요구에 대해 "그럴 의도가 없다"고 일축했다. 스푸트니크통신에 따르면 마리아 자하로바 러시아 외무부 대변인은 이날 정례브리핑에서 "크림반도는 러시아 영토이며, 우린 우리 영토를 돌려주지 않을 것"이라며 이같이 밝혔다.[100]

휴전과 희생자 : 우크라이나 동부 지역에서 치열하게 교전을 벌여 국제사회의 우려를 부른 우크라이나 정부군과 친(親)러시아 분리주의 반군이 2월 20일(2017년)부터 휴전에 들어가기로 합의했다. 세르게이 라브로프 러시아 외무장관은 18일 주요 20개국 외무장관 회의가 열리는 독일 뮌헨에서 우크라이나, 독일, 프랑스 4개국 외무장관과 협

상을 마친 뒤 양측이 휴전에 합의했다고 발표했다.[101]

　지난 2014년 초부터 3년 동안 계속되고 있는 우크라이나 분쟁 사태로 인한 자국민 희생자가 근 1만 명에 이르렀다고 우크라이나 외무부가 2월 20일(2017년) 밝혔다. 인테르팍스 통신에 따르면 외무부 공보실은 이날 "(분쟁이 본격적으로 시작된) 2014년 2월 20일부터 지금까지 우크라이나인 9천800명 이상이 숨졌고 2만3천 명 정도가 부상했다"고 발표했다.

　공보실은 또 우크라이나 동부 지역(돈바스 지역)에서 3년 동안 진행된 친(親)러시아 분리주의 반군과 정부군 간 교전으로 180만 명 이상의 난민이 발생했다고 소개했다. 이밖에 400여km에 이르는 러시아와의 동부 국경 지역이 여전히 우크라이나 정부의 통제를 벗어나 있다고 덧붙였다.[102]

　미국이 친러시아 성향의 우크라이나 반군을 도운 러시아와 우크라이나의 개인과 기업 등 34개의 이름을 추가로 제재 목록에 포함시켰다고 AFP통신이 12월 22일: 보도했다. 이번 제재 대상에는 기존에 제재를 받은 기업이나 개인이 지분을 50% 이상 소유하고 있는 14개의 러시아 기업과 이와 연계된 개인의 이름이 포함돼 있다. 러시아는 미국의 이번 조치를 강하게 비난했다.[103]

　우크라이나 사태로 북대서양조약기구(나토)와 러시아 간 군사적 대결 위기가 고조되고 있는 가운데 나토가 러시아의 군사적 위협에 대해 봉쇄 전략과 아울러 대화를 병행할 것임을 천명했다. 옌스 슈톨텐베르크(Jens Stoltenberg) 나토 사무총장은 나토 외무장관들이 오는 7월 바르샤바에서 열리는 나토 정상회의 개최 이전에 러시아와 공식적인 대화 기회를 마련하기로 합의했다고 밝혔다(2016년 5월 20일).

우크라이나 사태 이후 나토와 러시아가 군사행동 확대 전략을 경쟁적으로 수행하면서 신냉전 위기가 고조되고 있다. 지난 2014년 3월 러시아가 우크라이나 크림공화국을 무력 병합한 이후 나토는 러시아와의 모든 군사 및 민간 협력을 중단했다.104)

주요 7개국(G7) 정상들은 5월 27일(2016년) 일본 미에(三重)현 이세시마(伊勢志摩)에서 열린 이틀간의 회의를 정리한 정상선언문에서 러시아의 크림반도 병합에 대한 규탄 입장을 재차 표명하고, 병합을 승인하지 않으며 러시아에 대한 제재를 계속할 것이라고 밝혔다.

선언문은 "(대러) 제재 시기는 러시아의 민스크 협정 이행과 우크라이나 주권 존중과 연관돼 있다"면서 "제재는 러시아가 이 같은 의무를 이행할 때만 해제될 수 있다"고 분명히 했다. EU는 지난 2014년 7월 말레이시아 항공 여객기가 우크라이나 동부에서 미사일에 피격 추락해 탑승자 298명 전원이 사망한 사건이 발생하자 러시아의 금융, 방위, 에너지 산업 분야의 유럽 내 활동을 제한하는 경제제재를 단행했다. 러시아는 2014년 8월 초 우크라이나 사태에 따른 서방의 대러 제재에 대한 보복으로 EU 회원국과 미국의 농수산물 및 식료품

수입을 전면 금지하는 보복 제재를 가한 이후 계속 연장해 오고 있다.105)

유럽연합(EU)이 지난 2014년 러시아의 우크라이나 크림반도 병합에 대해 부과한 제재를 연장한다고 AFP통신이 보도했다(2016년 6월 17일). 유럽위원회는 성명을 통해 "러시아가 크림반도와 세바스토폴을 불법으로 병합한 데 대해 채택한 제재 조치를 2017년 6월 23일까지 확대한다"고 밝혔다.106)

미국이 우크라이나 사태와 관련한 대(對)러시아 제재를 연이어 확대했다. 미국 재무부가 지난주(2016년 8월 28일~9월 3일간) 러시아와 우크라이나 동부 분리주의 지역 인사 17명과 20개 기업을 제재 대상에 추가한 데 이어 이번엔 미 상무부가 81개 러시아 기업을 제재 목록에 올렸다.107)

5. 세계로 확대되는 테러와 폭력사태

이슬람 국가(Islamic State, IS)는 이라크 및 시리아 일부 지역을 점령하고 있는 국가를 자처한 극단적인 수니파 이슬람 근본주의 무장단체이다. 2014년 6월 현 이름으로 조직명을 변경하며 제정일치의 칼리파 국가 선포를 주장했으며, 이라크 · 레반트 이슬람 국가(ISIL), 이라크 · 시리아 이슬람 국가(The Islamic State of Iraq and Syria, ISIS), 다에시 등으로도 불리고 있다. 스스로를 "국가"라고 자처하고 있지만, 유엔에서는 국제법에 위배되는 극단적인 테러리즘의 성향으로 인하여 이를 국가로 인정하지 않고 있으며, 이슬람 국가를 변경 전 명칭인 다에시(Daesh)로 부르고 있다.[108]

벨기에 브뤼셀에서 동시다발적 폭탄 공격을 감행한 수니파 무장조직 이슬람국가(IS)가 유럽에서 잇단 테러로 이슬람교 대 기독교의 종교전쟁 구도로 몰고 가고 있다는 분석이 제기됐다.

이집트 최대 싱크탱크인 '알아흐람센터'의 아흐메드 칸딜 박사는 3월 23일(2016년) 전화 인터뷰(연합뉴스)에서 유럽 기독교 국가들이 11세기~13세기 이슬람 국가들을 침략한 '십자군 전쟁'을 상기시키면서 IS

가 기독교대 이슬람 간 종교 전쟁 프레임을 통해 반사 이익을 노리고 있다는 분석을 내놓았다. 그는 "다에시의 테러 위협은 이제 한 국가의 문제가 아닌 전 세계의 문제로 확산하고 있다"며 "국제사회가 단합해 이 사안에 더욱 적극적으로 대처해야 할 필요가 있다"고 주장했다.[109]

미 국무부는 2015년 IS를 비롯한 전 세계 테러조직이 벌인 자살폭탄 테러는 726건으로, 한 달 평균 60.5건이었다고 발표했다. 2016년 IS가 저지른 자살폭탄 테러(489건) 중 303건이 이라크에서, 175건이 시리아에서 발생했다.[110] 중동의 지정학적 지도를 뒤바꿔버린 수니파 무장조직 '이슬람국가'(IS)가 스스로 '국가 수립'을 선포한 지 29일(2016년 6월)로 꼭 2년이 됐다.

　IS는 그간 이라크와 시리아의 거점 지역을 빠르게 수중에 넣었다. 중동과 북아프리카에 산재했던 테러조직은 IS의 위세에 잇따라 IS에 충성을 맹세하면서 '지부'를 자처했다. 국제동맹군의 공습과 각국 정부군의 대응으로 정규전 방식의 '영토' 확장이 한계에 다다르자 IS는 자살폭탄 테러, 게릴라식 총기 난사와 같은 비대칭 전술을 구사하고 있다. 인터넷을 이용, 이른바 '외로운 늑대'(자생적 테러리스트)를 부추겨 역공하는 방식이다.

IS는 2011년 '아랍의 봄' 이후 혼란이 끊이지 않는 북아프리카로도 영향력을 넓혔다. 나이지리아의 악명 높은 이슬람 과격 무장단체 '보코하람'(Boko Haram)과 이집트의 '안사르 베이트 알마크디스', 알제리의 '알무라비툰'도 IS에 이미 충성을 맹세한 테러 단체이다. IS 지지 무장단체는 동아시아에서도 나타났다.

파키스탄과 아프가니스탄, 인도네시아, 필리핀에서도 IS에 충성을 맹세한 단체가 등장했다. 이들 단체 대부분은 과거에 알카에다 연계 세력으로 이름을 알린 조직이다. IHS(미국 인문과학원)은 IS가 최근 15개월간 영토 22%를 잃었으며, 점령지의 인구도 900만 명에서 600만 명으로 감소했다고 추정했다.[111]

수니파 무장조직 '이슬람국가'(IS)는 소셜미디어를 통해 현재 실질적 거점인 시리아와 이라크를 포함해 전 세계 12개국에 사실상 본부 또는 지부를 두고 있으며 7개국에는 비밀부대를 주둔시키고 있다고 주장했다.

IS는 건국 2주년인 지난 6월 29일(2016년)에 맞춰 인스타그램 등에 "2014년 6월 29일 '칼리파 국가' 선언 이후 2년간 IS의 확장"이라는 제목 아래 조직도 현황을 그래프로 소개했다.

이 조직도를 보면 IS는 주요 관리(Major Control) 국가로 시리아와 이라크 등 2개국을 소개한 것으로 나타났다. 또 중간 관리(Medium Control) 국가로는 리비아와 나이지리아, 이집트, 예멘, 체첸, 다게스탄(러시아령 자치공화국), 아프가니스탄, 니제르, 필리핀, 소말리아 등 10개국을 꼽았다.

IS는 이어 '비밀부대'(Covert Units) 주둔 국가로서 알제리와 터키, 사

우디아라비아, 방글라데시, 레바논, 튀니지, 프랑스 등 7개국을 들었다.[112]

　　수니파 극단주의 무장세력 '이슬람국가'(IS)와 추종 세력의 테러로 지난 13년간 3만3천 명 이상이 목숨을 잃은 것으로 나타났다.
　　워싱턴 포스트(WP)와 볼티모어 선 등 미언론은 지난 2002년 10월 요르단에서 IS의 모태가 된 알카에다 이라크지부(AQI)가 미 외교관 로런스 폴리를 살해한 것을 시작으로 IS와 전 세계 30여 개 추종 세력의 테러로 3만3천 명 이상이 숨지고, 4만1천 명이 부상한 것으로 조사됐다고 8월 9일(2016년) 보도했다.[113]

5-1. 서방세계

5-1.1. 파리 테러와 연계 테러

▌프랑스

　　2015년 1월 7일에 있은 샤를리 에브도 테러(프랑스어: Attentat contre Charlie Hebdo)는 당일 중앙유럽 표준시 11시경 복면을 쓴 이슬람 원리주의 성향의 두 테러리스트가 프랑스 파리에 소재한 풍자신문《샤를리 에브도》본사를 급습하여 총기를 난사한 사건이다.[114] 2015년 11월 13일 밤부터 14일 새벽에 걸쳐 파리 동부와 북부 등 6곳에서는 총기 난사 및 자살폭탄테러가 동시 다발적으로 발생했다. [115] 유엔 안전보장이사회는 IS 격퇴를 위해 프랑스가 제출한 결의안을 만장일치로 채택했다(2015년 11월 21일). [116]

프랑스의 대혁명 기념일(바스티유의 날) 공휴일인 7월 14일(2016년) 밤 프랑스 남부 해안도시 니스에서 대형트럭 한 대가 축제를 즐기던 군중을 덮쳐 최소 77명이 사망하고 100여 명이 부상했다. [117] 베르나르 카즈뇌브 프랑스 내무장관은 7월 16일(2016년) 기자들에게 범인 모하메드 라후에유 부렐(31)이 "친구들과 가족들로부터 매우 빨리 급진화된 것으로 보인다"고 밝혔다. [118]

지난해(2015년) 130명이 숨진 파리 테러 배후인 수니파 극단주의 무장세력 이슬람국가(IS)가 7월 26일(2016년) 오전 프랑스의 한 성당에서 다시 테러를 저질렀다. [119] 프랑스 정부가 2017년 1월 끝나는 국가비상사태를 같은 해 7월까지 연장하기로 했다. [120]

■ 벨기에

브뤼셀의 국제공항과 지하철역에서 3월 22일(2016년) 잇따라 폭발이 발생해 수십 명이 사망했다. 공항 폭발의 원인이 자살폭탄 테러라는 보도가 나오고 있어 최근 벨기에 당국이 파리 테러의 주범인 수니파 극단주의 무장세력 이슬람국가(IS) 조직원 살라 압데슬람을 체포한 데 대한 '보복 테러'가 아니냐는 추정에 힘이 실리고 있다. [121] 3월 22일(2016 현지시간) '유럽의 심장'인 벨기에 브뤼셀의 국제공항과 지하철역에서 동시다발로 펼쳐진 극단주의 무장세력 '이슬람국가'(IS)의 폭탄테러 사망자가 34명으로 집계됐다.[122]

5-1.2. 역내 기타 테러

▌영국

극단주의 무장단체 이슬람국가(IS)가 영국 런던의 번화가를 덮친 테러의 배후를 자처하고 나섰다. AFP, dpa통신, 월스트리트저널(WSJ) 등에 따르면 IS는 6월4일(2017년) 공식 선전 매체인 아마크 통신을 통해 IS의 '비밀부대'가 전날 런던 테러를 수행했다고 주장했다. 전날 런던 브리지에선 괴한 3명이 탄 승합차가 인도로 돌진해 행인들을 덮쳤으며 승합차에서 내린 괴한들은 인근 버러마켓 일대를 돌아다니며 닥치는 대로 흉기를 휘둘러 총 7명이 숨지고 50여 명이 다쳤다. 앞서 IS 추종자들은 소셜미디어에 런던 브리지 일대에서 테러를 감행한 3명을 칭찬하며 "이것은 우리가 약속했던 암흑의 날들"이라고 주장했다. 테러감시단체 시테(SITE)도 이번 공격의 주체가 아마크 통신 주장처럼 'IS 전투원의 파견대"라고 밝혔다. 이번 테러를 일으킨 용의자 3명은 흉기 난동을 부린 뒤 달아나다가 현장에서 모두 경찰에 사살됐다. 다만 목격자들은 현지언론 인터뷰에서 괴한들이 "알라를 위한 것"이라고 외쳤다고 진술해 범행동기가 극단주의 추종일 수 있다는 해석이 나오고 있다. 경찰은 이번 테러에 연루된 혐의로 런던 동부의 바킹에서 12명을 체포하고 근처 이웃을 수색하고 있다. 영국

이 테러 공격을 받은 것은 올해 들어 세 번째다.[123]

▌독일

독일 바이에른 주 뮌헨의 도심 쇼핑몰에서 7월 22일(2016년) 총기난사 테러가 발생해 최소 9명이 사망하고 20여 명이 부상했다.[124] 독일 남부 바이에른주 뉘른베르크 인근 안스바흐의 한 와인바에서 7월 24일(2016년) 밤 10시(현지시간) 난민 신청을 거부당한 시리아인이 자폭해 현장에서 숨지고 12명이 다쳤다.[125] 수니파 과격 무장세력인 이슬람국가(IS)는 7월 25일(2016년) 독일 바이에른주 안스바흐 음악축제장 인근 와인바에서 있은 자살 폭탄 공격은 자신들이 주도한 것이라고 밝혔다.[126]

독일 베를린에서 트럭 한 대가 12월 19일(2016년) 크리스마스 쇼핑을 하려고 많은 이들이 밀집한 상가를 덮쳐 최소 9명이 숨지고 50명이 다쳤다고 독일 언론이 경찰을 인용해 전했다.[127] 튀니지 정부가 베를린 트럭 돌진 테러 유력 용의자 아니스 아므리의 공범으로 추정되는 일당 3명을 체포했다고 AFP통신이 보도했다.[128]

▌러시아

러시아 현지 타스통신에 따르면 상트페테르부르크에 위치한 전철역 2곳에서 4월 3일(2017년) 폭발이 발생했으며, 지금까지 최소 10명이 숨졌고, 30명이 부상을 당했다.[129] 상트페테르부르크의 지하철에서 4월 3일(2017년 현지시간) 발생한 테러는 중앙아시아 출신의 20대 자

폭 테러범이 저지른 것으로 추정된다고 현지 수사당국 소식통이 인 터르팍스 통신에 밝혔다.[130]

▌스웨덴

스웨덴 수도 스톡홀름 시내의 최대 번화가에 4월 7일(2017년) 테러 로 추정되는 트럭 돌진 사고가 일어나 최소 3명이 숨졌다. [131] 스웨 덴 스톡홀름 트럭 돌진 테러에 연루된 것으로 의심받아 붙잡힌 우즈 베키스탄 출신 39세 남성이 이 트럭을 직접 운전한 것으로 보인다고 현지 경찰이 4월 8일 밝혔다. 스웨덴 일간 아프톤블라데트는 앞서 이 용의자가 수니파 극단주의 무장세력 '이슬람국가'(IS) 지지자라고 전한 바 있다. 또한, 그가 테러에 사용한 탈취 차량에서 사제 폭발물 이 가방에 담긴 채 발견됐다고 스웨덴 공영방송 SVT가 보도했다. 전 날 오후 3시께 일어난 이번 테러로 4명이 숨지고 15명이 다쳤다.[132]

▌미국

미국 내에서 IS에 충성을 맹세한 총기 테러는 2015년 5월 텍사스 와 동년 12월 캘리포니아 샌버너디노에 이어 2016년 6월 12일(미국 올 랜도 49명 사망)의 테러 등 3번째다. IS는 스스로 IS에 감화된 자생적 테러리스트의 사후에 조직의 일원으로 인정하고 전 세계에 이를 전 파해 추앙받도록 하면 되는 것이다.[133] 미국 내에서 있었던 주요 테 러 사건을 적시하면, 다음과 같다.

9·11테러 사건은 미국에서 2001년 9월 11일에 4대의 민간 항공기를 납치한 이슬람 테러단체에 의해 동시 다발적으로 이루어진 사건이다. 오전 8시 46분, 뉴욕의 세계무역센터 건물에 항공기가 충돌했으며, 18분 후에는 이 쌍둥이 건물의 옆 동에 또 다른 항공기가 충돌했다. 9시 37분에는 미국 국방부 펜타곤이 항공기의 공격을 받았으며 10시 10분에는 테러를 기도한 것으로 보이는 항공기 한 대가 펜실베이니아 주 피츠버그 시 남동부에 추락했다. 134) 이 세기의 대폭발 테러로 인해 90여 개국 2,800~3,500여 명의 무고한 사람들이 생명을 잃었다.135)

보스턴 마라톤 폭탄 테러 사건은 2013년 4월 15일 미국 매사추세츠 주 보스턴에서 개최된 2013 보스턴 마라톤에서 결승선 직전에서 두개의 폭탄이 터져 관중들과 참가자 및 일반 시민들을 다치게 한 사건이다. 이 사건으로 3명이 사망하고 최소 183명이 부상당했다.136)

커티스컬웰 센터 공격(The Curtis Culwell Center attack)은 2015년 5월 3일 텍사스 가를랜드 내 커티스 컬웰 센터에서 진행되고 있던 마호메트(570–632: 이슬람교 창시자)의 만화 영상을 주제로 한 전시장의 입구에 2명의 괴한들이 난입하여 총기로 경찰들을 공격한 사건이다.137)

캘리포니아 주 로스앤젤레스(LA) 동부 **샌버너디노 시**의 발달장애인 복지·재활시설 '인랜드 리저널 센터'에서 12월 2일 오전 11시 11분께 무장괴한 3명이 난입해 총기를 난사했다. 총격사건이 벌어진 샌버너디노 시는 LA에서 동쪽으로 60마일(95㎞) 떨어진 인구 21만 4천여 명의 도시로, 한인 밀집지역이기도 하다.[138] 플로리다 주 **올랜도**의 한 나이트클럽에서 6월 12일 새벽(2016년) 인질극과 함께 총기난사 사건이 발생해 최소한 50명이 숨지고 53명 이상이 다쳤다.[139] 연방수사국(FBI)은 6월 13일(2016년) 이번 사건을 외국 테러단체로부터 영향을 받은 '자생 테러'로 결론 내린 것으로 알려졌다.[140]

▌캐나다

온타리오 주 스트래트로이에서 2016년 8월 10일 아론 드라이버가 택시 뒷좌석의 폭발물을 터트려 경찰과 대치하던 중 살해되었다. FBI로부터 드라이버가 "순교자 비디오"를 만들었으며 또 도시지역에서 공격을 준비 중이었다는 정보를 받고 체포과정에서 발생하였다.[141] 1월 29일(2017년) 캐나다의 프랑스어권 지역인 퀘벡 주 퀘벡 시에 있는 이슬람사원(모스크)에서 총격이 발생해 사상자가 다수 발생했다. AFP, dpa 통신과 캐나다 현지 언론 등에 따르면 괴한들이 이 날 오후 8시께 퀘벡시 생트 푸아 지역에 있는 '퀘벡 이슬람 문화센터'에 들어와 저녁 예배 중이던 신도 수십 명을 향해 총을 난사했다.[142]

5-2. 아시아 지역

5-2.1. 중국

중화인민공화국(中华人民共和国, 中華人民共和國, 영어: People's Republic of China)은 동아시아에 있는 공화국이다. 줄여서 중국(간체: 中国, 정체: 中國) 또는 중공(中共)이라고도 한다. 수도는 베이징(北京)이고, 최대 도시는 상하이(上海)이다. 세계 최대의 인구와 넓은 국토 때문에 그 영토를 중국 대륙이라고 부르기도 한다.

1949년 국공 내전에서 승리하여 건국되었고, 지금까지 중국 공산당의 일당제로 통치되고 있다. 건국 이후 대약진 운동과 문화 대혁명을 거친 뒤, 2010년 일본을 추월하고 국내 총생산 기준으로 세계 2위 규모이다.[143] 중국은 13억의 인구와 56개의 민족으로 구성된 세계 최대의 다민족 국가이다.[144] 강력한 중앙집권적 정부의 통제 아래에서도 일부 소수민족들은 분리/독립 또는 자치 확대를 위한 투쟁을 벌이고 있는데, 광대한 자치구를 형성하고 있는 티베트(Tibet, 西藏/Xizang)와 신장(新疆/XinJiang, Uighur)이 대표적인 분리주의 투쟁지역이다. 최근에는 비교적 안정적인 지역으로 알려졌던 네이멍구(内蒙古) 자치구에서도 반중시위가 벌어졌다.[145]

신장 위구르 자치구 : 중국의 주류인 한족과 다른 아랍인 외모의 위구르족은 종교, 문화, 언어 등 모든 면에서 중국인과 이질적이다. 위구르족은 1933~1934년, 1943~1949년 독립국가인 동투르키스탄

공화국을 건립했으나 1949년 중국의 지배체제에 완전히 편입되었고, 이후에도 독립운동이 지속되었다.146)

중국 공안 당국은 11월 17일(2015) 신장(新疆) 위구르족 자치구에서 100명가량의 사상자를 냈던 탄광 테러 용의자 17명을 사건 발생 약 2개월 만에 전원 폭살했다고 미국 자유아시아방송(RFA)이 보도했다.147) 2015년 9월 중국 신장 위구르족 자치구에서 발생한 탄광 테러 사건은 지하디스트들의 소행이라고 현지 언론이 주장했다.148)

5-2.2. 태국, 인도네시아, 말레이시아

▌태국

2015년 방콕 폭탄 테러는 8월 17일 오후 7시(THT), 타이 방콕 파툼완 구의 랏차프라송 교차로에 자리한 에라완 사원(힌두교) 부근에서 일어난 폭탄 테러 사건이다. 20명이 사망하고 125명 이상이 부상당한 것으로 알려졌다.149) 태국 당국은 2015년 8월 내외국인 20명의 희생자를 낸 방콕 힌두사원 테러와 관련해 외국인 용의자 2명을 11월 24일 기소했다.

태국 군법재판소는 이날 에라완 사원 테러 연루 용의자인 빌랄 모하데드와 유수푸 미에라일리에 대해 살인 모의 및 기도, 폭발물 소지 등 10여 개 혐의를 적용해 기소했다.150) 태국에서 다수의 희생자를 낸 방콕 힌두사원 테러(2015년 8월) 용의자 2명이 터키에서 붙잡혔다.151)

■ 인도네시아

수도 자카르타 시내에서 1월 14일(2016년) 오전 자살폭탄 테러로 추정되는 폭발과 총격이 발생했다고 현지 언론과 외신이 보도했다. 안톤 차를리안 인도네시아 경찰 대변인은 이날 폭발과 총격으로 경찰관 3명을 포함해 최소 6명이 숨졌으며 수십 명의 부상자가 발생했다고 밝혔다.152)

인도네시아 중부 자바주 수라카르타(솔로)시 경찰서에서 자살폭탄 공격이 발생해 경찰관 1명이 다쳤다고 AP통신 등이 7월 5일(2016년) 보도했다.153)

인도네시아 경찰은 12월 21일(2016년) 자카르타 교외에 은신해 있던 테러용의자 3명을 사살하고 이들의 은신처에서 다수의 폭발물을 발견했다고 밝혔다. 사살된 테러 용의자 중 2명은 인도네시아 내 IS 연계 무장단체인 '자마 안샤룻 다울라'(JAD) 소속 조직원으로 확인됐다. 인구의 87%가 무슬림인 인도네시아에서는 극단주의 무장단체 이슬람국가(IS) 추종자들이 세력을 확대하면서 크고 작은 테러 시도가 잇따르고 있다.154)

■ 말레이시아

경찰 당국자는 "2013년 이후 약 260명의 테러 용의자가 체포됐으며, 이중 절반 가까이가 올해 붙잡혔다"고 밝혔다. 싱가포르 난양공대 국제문제연구소(RSIS)의 재스민더 싱 선임 연구원은 "지난 9월까지 인도네시아 출신 IS 조직원 500여 명 중 최소 40여명이 귀국해 현지

경찰의 밀착 감시를 받고 있다"고 말했다.155)

김정남 피살 : 김정은 북한 노동당 위원장의 이복 형인 김정남이 현지시간으로 2월 13일(2017년) 오전 9시쯤 쿠알라룸푸르 공항 2청사에서 피살됐다. 경찰에 따르면 베트남 여성과 인도네시아 여성 등 2명은 김정남이 공항 내 셀프체크인 서비스에 접근하자 다가가 얼굴에 독극물로 추정되는 액체를 분사했다. 직후 어지러움을 호소한 김정남은 공항 경찰에 의해 즉시 공항 의무대로 후송해 치료를 받았지만 결국 오전 11시쯤 병원으로 이송되자마자 숨졌다. 당시 김정남은 쿠알라룸푸르 공항을 이용해 오전 10시 항공편으로 마카오로 갈 예정이었다.156)

김정남을 피살한 북한 국적의 용의자가 총 5명으로 늘었다. 말레이시아 경찰은 김정남 피살 사건과 관련한 기자회견을 2월 19일(2017년) 열고 이같이 밝혔다. 마지막으로 경찰에 붙잡힌 용의자는 북한 국적 소유자 리정철이다. 47세인 리정철은 지난해 8월 6일 말레이시아에 입국, 쿠알라룸푸르에 위치한 한 IT 기업에 근무하고 있는 것으로 확인됐다.157)

이번 사건과 관련하여, 북한 정부 '배후설'이 설득력을 얻고 있지만 이를 확인하는 것은 쉽지 않을 전망이다. 사건의 용의자 가운데 한 명인 리정철이 범행을 부인하고 있고 다른 4명은 이미 북한으로 도주한 것으로 알려졌기 때문이다.158) 칼리드 아부 바카르 말레이시아 경찰청장은 2월 24일(2017년) 김정남 암살에 쓰인 것으로 파악된 신경

성 독가스 'VX'와 관련해 "이 가스는 화학무기로, 현재 출처를 조사하고 있다"고 밝혔다.159)

5-2.3. 필리핀, 방글라데시, 미얀마

▌필리핀

필리핀 군이 필리핀 남부 이슬람 급진 무장세력 근거지를 향해 포격을 시작했다고 AFP통신이 11월 27일(2016년) 보도했다. 군은 수니파 이슬람 급진 무장세력 이슬람국가(IS)를 추종하는 무장단체 '마우테(Maute) 그룹'이 점거하고 있는 부티그 마을에서 이들을 몰아내기 위해 공격을 개시했다고 밝혔다. 부티그 마을은 이슬람 무장세력의 주요 근거지인 필리핀 남부 민다나오 섬에 위치해있다. 마우테 그룹은 지난 9월 인구 1만 7,000명의 부티그 마을을 습격해 마을 회관을 점거했다.160)

▌방글라데시

방글라데시 힌두교 행사에 연쇄 폭탄 공격이 발생, 6명이 사망했다고 12월 5일: 현지 경찰이 밝혔다. 방글라데시 경찰에 따르면 이날 디나지푸르시에서 수백 명이 모인 힌두교 행사가 진행되던 도중 연쇄 폭탄이 터져 최소 6명이 사망하고 3명이 중상을 입었다. 이번 사건은 지난달 같은 지역에서 수니파 급진 무장세력 이슬람국가(IS)의 총격으로 이탈리아인 의사가 부상한 지 얼마 안 돼 벌어졌다.161)

방글라데시 수도 다카의 외국공관 밀집지역 음식점에서 7월 1일
(2016년) 발생한 무장괴한들의 인질 테러로 이탈리아인과 일본인 등 민
간인 20명이 사망했다. 각국 정부 발표에 따르면 이탈리아인 9명,
일본인 7명, 미국인 1명, 인도인 1명이 사망한 것으로 파악됐다.[162]

▎미얀마

이슬람 무장세력 토벌에 나선 미얀마군의 군사 작전으로 3만 명에
달하는 주민이 피란길에 올랐다고 현지 언론과 외신이 11월 19일(2016
년) 보도했다. 유엔 인도주의업무조정국(OCHA)은 "지난달 9일 미얀마
서부 라카인주에서 발생한 무장괴한의 경찰 초소 습격사건에 이은
정부군의 무장세력 토벌작전으로 지금까지 3만 명에 육박하는 사람
들이 집을 떠나 피란길에 올랐다"고 밝혔다.[163]

무장세력 토벌을 빌미로 한 미얀마군의 로힝야족 탄압이 '인종청
소'라는 비판을 받는 가운데, 유엔이 아웅산 수치 주도의 미얀마 정
부를 향해 문제 해결에 나서라는 강력한 메시지를 보냈다. 11월 30
일(2016년) 현지 언론과 외신에 따르면 아다마 디엥 유엔 사무총장 집
단학살방지 특별자문관은 전날 성명을 통해 서부 라카인 주(州)에서
이어지는 미얀마군의 로힝야족 대상 잔혹 행위 주장을 확인하기 위
해 이 지역에 대한 접근을 즉각 허용해야 한다고 촉구했다.[164]

미얀마군의 '인종 청소'를 피해 국경을 넘는 로힝야족 난민이 급증
하는 가운데, 방글라데시 총리가 미얀마 정부에 난민 송환을 요구했
다. 1월 12일(2017년) AFP 통신 등에 따르면 세이크 하시나 방글라데

시 총리는 아웅산 수치 국가자문역의 특사 자격으로 다카를 방문한 초 틴 미얀마 외무부 차관을 만난 자리에서 이같이 요구했다.[165]

미얀마 정부측조사위원회는 미얀마군이 무슬림 소수민족 로힝야족을 상대로 살인, 성폭행 등을 저질렀다는 유엔 인권최고대표사무소(OHCHR) 조사 내용을 전면 부인했다.[166]

5-2.4. 인도, 파키스탄, 카슈미르 분쟁

▌인도

인도령 카슈미르 군기지가 무장괴한의 공격을 받아 인도 군인 17명이 숨졌다고 AFP통신이 보도했다(2016-09-18). 인도 군 성명에 따르면 무장 괴한은 국경을 넘어 침입해 카슈미르 스리나가르 서쪽 우리(Uri) 구역 내 군인 수백 명이 머무는 보병 기지를 급습해 총을 난사하고 수류탄을 터뜨려 17명의 인도군이 사망했다.[167] 인도에서 극단주의 무장단체 이슬람국가(IS)의 소행으로 추정되는 테러가 최초 발생했다. 3월 8일(2017년) 인도 경찰은 하루 전 인도 중부 마디아프라데시 주(州)에서 발생한 열차 폭파 테러 용의자를 사살했다. 은신처에서는 IS 깃발, 휴대전화 6대, 뉴델리와 러크나우·아그라·방갈로르의 철도역 세부 스케치 등이 발견됐다.[168]

1947년 10월 인도와 파키스탄이 영국으로부터 독립하면서 카슈미르는 인도령으로 편입됐다. 하지만 이슬람국가인 파키스탄은 카슈미

르의 자국 편입을 주장하며 1차 인도-파키스탄 전쟁이 발발하게 됐다.[169)

인도령 카슈미르(잠무-카슈미르 주)에서 지난 7월부터 이슬람 분리주의 청년들의 시위로 학교들이 대부분 휴교한 가운데 학교를 겨냥한 방화까지 잇달아 벌어지고 있다. 11월 2일(2016년) 인도 일간 힌두에 따르면 지난달 30일 카슈미르 남부 아난트나그에 있는 고등학교에서 방화로 추정되는 불이 나는 등 최근 석 달 동안 모두 27곳의 학교가 불에 탔다.[170)

▌파키스탄

파키스탄 북서부 키베르파크툰크와(KP) 주의 한 대학에 1월 20일(2016년) 파키스탄탈레반(TTP) 무장 대원들이 난입해 총기를 난사, 학생과 교수를 포함해 최소 21명이 사망하고 50여 명이 다쳤다. 파키스탄 일간 돈(DAWN) 인터넷판 등에 따르면 주도 페샤와르에서 약 50㎞ 떨어진 차르사다에 있는 바차칸 대학에 이날 오전 9시 30분께(현지시간) 한 무리의 무장괴한이 난입해 경비원 등에 무차별적인 총격을 가했다.[171)

파키스탄 중서부 발루치스탄주(Balochistan Province)의 병원을 겨냥한 폭탄테러 사망자가 최소 40명으로 늘어났다고 AFP통신이 8월 8일(2016년) 보도했다. 부상자도 현재까지 55명으로 집계됐다. 데일리파키스탄에 따르면 발루치스탄에서는 지난 15년간 1,400건의 살인사건이 발생했으며 하자라(Hazaras)를 겨냥한 자살폭탄 테러도 다수 발생했다.[172)

파키스탄 자살 폭탄테러

파키스탄 남서부 발루치스탄주의 경찰대학에서 무장괴한이 총격 테러를 벌여 최소 61명이 숨지고 100여 명이 다쳤다. 10월 25일(2016년) 파키스탄 지오TV 등 외신에 따르면 전날 오후 11시 30분쯤 발루치스탄주 퀘타 도심 동쪽으로 약 20㎞ 떨어진 곳에 있는 경찰대학 내 훈련생 숙소에 3명의 무장괴한이 AK-47 소총과 폭탄 조끼로 무장한 채 난입했다.173)

파키스탄 라호르(Lahore) 시위 현장에서 2월 13일(2017년) 탈레반의 자살폭탄 테러로 최소 13명이 사망하고 82명이 부상했다고 AFP 통신이 보도했다. 이 단체는 지난해 부활절에도 라호르 한 공원에서 자폭 테러를 일으켜 어린이 등 70여 명이 사망했다. 파키스탄 정부와 극단주의 세력의 전쟁에서 지금까지 6만여 명이 사망하고 1,110억 달러의 비용이 투입됐다.174)

▌ 카슈미르 분쟁

카슈미르(캐시미르)는 남아시아의 북쪽의 지역 이름이다. 히말라야 산맥의 서쪽 끝 부분의 남쪽에 있는 계곡을 말한다. 현재 잠무 카슈미르는 인도령, 아자드 카슈미르와 길기트발티스탄은 파키스탄령에 속하며 아크사이친은 중국령이다. 영국령 인도 제국 시대에는 마하라자가 통치하는 인도토후국의 하나인 잠무 카슈미르 토후국이 통치하였다.

1947년 인도의 분할 때 힌두계인 토후국 왕은 독립국이 되기를 원했지만, 군사적 위협으로 독립이 불가능해지자 인도 자치령에 편입되기로 하였는데, 파키스탄이 이에 반발해 인도 파키스탄 전쟁이 벌어졌다. 중화인민공화국이 영국령 인도 제국에 의해 점령당했던 자국의 영토라며 아크사이친을 점령하는 등 현재까지 이곳은 주변 4개국이 국경을 맞대고 있는 지정학적 요충지로 종교 갈등과 영유권 문제와 함께 내전과 충돌이 빈발하고 있다.[175]

5-3. 중동 지역

북대서양조약기구(NATO·나토)는 7월 9일(2016년 현지시각) 아프가니스탄과 이라크에 대한 군사훈련 지원과 재정지원 연장을 공식 결정했다.

나토는 이날 폴란드 바르샤바에서 이틀째 정상회의를 열고 미국이 주도하는 테러와의 전쟁 지원 문제와 우크라이나 사태 등에 대해 논의, 이같이 의견을 모은 뒤 공동코뮈니케를 발표하고 폐막했다.

나토는 우선 13년간의 전투임무를 마치고 작년 시작한 아프간 군에 대한 훈련지원과 군사자문을 2017년까지 연장키로 의견을 모았다. 버락 오바마 미국 대통령은 앞서 미국은 아프간 철군을 당초 계획보다 늦춰 내년(2017년)까지 8천400명을 주둔시키겠다고 밝혔다.

나토는 또 아프간에 대한 재정지원을 2020년까지 계속해서 실시키로 했다. 이어 나토는 이라크와 시리아에서 활동하는 이슬람 무장단체 이슬람국가(IS)를 격퇴하기 위해 나토의 공중조기경보기(AWACS)를 투입해 지원하기로 했다. 또 지난 2004년부터 2011년까지 운용하다가 철수한 군사훈련단을 내년(2017년) 초에 이라크에 다시 파견하기로 했다.176)

5-3. 1. 아프가니스탄 전쟁

아프가니스탄 전쟁은 최초 1994년에 탈레반이 이슬람 국가 통제하에 있지 않은 남부와 중부의 많은 주(州)들을 정복하면서 칸다하르의 남부 도시에서 새로운 무장단체로 떠올랐다.

1996년 9월까지 탈레반은 카불 정권을 장악하고 아프가니스탄의 이슬람 에미리트를 수립하였다. 탈레반 에미리트는 파키스칸 군부에 의하여 군사적으로 지원을 받았고 수개의 아랍 국가들과 중앙아시아에서 온 수천 명의 알카에다에 의하여 정권 유지가 되었다. 2001년 미국에서 9·11 공격이 있었던 후, 북대서양조약기구(NATO)가 작전명 영속적인 자유 작전(Operation Enduring Freedom)으로 참전하였다. 이 작전의 목적은 정권으로부터 탈레반을 제거하기 위하여 알-카에다를 패퇴시키고 또 존속할 수 있는 민주 국가를 세우는 것이었다.[177]

유엔에 따르면 2015년 아프간 전역에서 내전으로 민간인 3천545명이 사망하고 7천457명이 다쳤다.[178] 인권단체 국제 앰네스티(AI)는 지난 3년간(2013~2016년) 아프가니스탄 국민 120만 명 이상이 내전 때문에 피란민이 됐다고 밝혔다(2016년 5월 31일).[179] 15년째 탈레반과 내전 중인 아프가니스탄에서 정부의 통제권이 점점 약화해 전 국토의 3분의 2에도 온전히 미치지 못한다는 조사결과가 나왔다. 10월 31일(2016년) 아프간 인터넷매체 카마프레스 등에 따르면 미국 정부기관인 아프간재건특별감사관실(SIGAR)은 전날 발표한 보고서에서 아프간 407개 군(郡·district) 지역 가운데 아프간 정부의 온전한 통제권이 미치거나 영향력 아래 있는 곳은 8월 말 기준 258개로 63.4%에 불과하다고 발표했다.[180]

2011년 5월 2일, 미국의 해군 네이비실 부대(United States Navy SEALs)가 파키스탄의 아보타바드(Abbotabad)에 있던 오사마 빈 라덴을 사살하였다. 2012년 5월, 북대서양조약기구(NATO)의 지도자들은 그들의 군대를 철수할 출구 전략을 승인했다. 그로부터 아프간 정부와 탈레반 간의 국제연합(UN) 평화회담이 개최되어 왔다. 181)

미국 정부가 탈레반(Taliban)과 '이슬람국가'(IS) 등 각종 테러조직 발호로 치안 불안이 가중되는 아프가니스탄에서 미군 철군을 더 늦추기로 했다. 버락 오바마 미국 대통령은 7월 6일(2016년) 오전 백악관 루스벨트룸에서 한 연설에서 자신의 임기가 끝나는 내년 초에도 아프간에 미군 8천400명을 잔류시킬 것이라고 밝혔다.182)

미국이 GBU-43 폭탄을 아프가니스탄 낭가라흐주의 아친 지역에 투하해 이슬람 극단주의 무장단체 이슬람국가(IS) 대원 36명이 사망했다고 AP통신, CNN 등 외신들이 4월 14일(2017년 현지시간) 보도했다. 아프간 국방부는 이날 성명에서 미국의 폭탄이 떨어진 뒤 IS가 동부에서 뚫어놓은 땅굴에서 IS 대원 36명이 숨지고 땅굴 3곳, 무기, 탄약이 파괴됐다며 민간인 피해는 없다고 밝혔다.183)

카불 시내 외국대사관 및 정부청사 구역에서 5월 31일 새벽(2017년 현지시간) 발생한 대형트럭 자폭 테러의 사망자가 90명에 부상자가 무려 400명으로 늘어난 가운데, 테러의 배후와 수도 카불의 치안상태가 모두 안개에 싸여있으며, 아프간 정부의 테러방지 능력도 의심스러운 상황이다. 테러가 발생한 와지르 아크바르 칸 구역은 카불에서도 가장 많은 외국대사관들이 집결해있고 대통령궁을 비롯한 정부 주요 청사들이 있는 곳이다. 이번 폭탄 테러는 아프간 정부가 가장 기본적인 보안능력이 있는지에 대한 심각한 의문을 제기하고 있다.[184]

5-3.2. 이라크와 이슬람 국가(IS)

이라크 내전은 2014년 이라크 반란이 북부 이라크 지역의 팔루자와 모술을 비롯한 주요 지역을 이라크 레반트 이슬람 국가(ISIL)이 점령함으로써 확산된 전쟁이다. 이라크군은 초기에 바그다드 교외 지역까지 ISIL에 내주었으나, 이후 2015년부터 이란과 미국의 지원으로 반격을 개시하여 잃어버린 영토 대부분을 탈환하고 현재는 ISIL의 수도 격인 모술을 탈환하기 위해 전투 중이다.[185]

이슬람 국가(Islamic State, IS)는 이라크 및 시리아 일부 지역을 점령하고 있는 국가를 자처한 극단적인 수니파 이슬람 근본주의 무장단체이다. 2014년 6월 현 이름으로 조직명을 변경하며 제정일치의 칼리파 국가 선포를 주장했으며, 이라크·레반트 이슬람 국가(ISIL), 이라크·시리아 이슬람 국가(The Islamic State of Iraq and Syria, ISIS), 다에시 등으로도 불리고 있다. 유엔에서는 국제법에 위배되는 극단적인 테러리즘의 성향으로 인하여 이를 국가로 인정하지 않고 있으며,[186] 이슬람 국가를 변경 전 명칭인 다에시(영어: Daesh)로 부르고 있다.[187]

이라크에서 수니파 급진 무장세력 이슬람국가(IS)의 테러로 하루 새 60명 가까이 목숨을 잃었다. 1월 2일(2017년) 알자지라에 따르면 수도 바그다드 북동부 시아파 마을인 사드르시티의 교차로에서 자살폭탄 테러가 발생해 최소 39명이 사망하고 60여 명이 다쳤다.

이 외에도 이날 이라크 전역에서 IS의 테러로 인해 숨진 민간인이 59명, 부상자는 최소 70명에 달하는 것으로 드러났다.[188] 이라크 수도 바그다드 안팎에서 1월 5일(2017년) 자살 차량폭발 테러를 비롯한 연쇄 차량 폭발이 잇따르면서 60여 명의 사상자가 발생했다. 경찰은 수니파 극단주의 무장단체인 이슬람국가(IS)의 소행으로 보는 것으로 알려졌다.[189]

▌**미국** : 제임스 매티스 미 국방장관은 2017년 3월 23일 미 상원 청문회에 참석해 "이라크 정부가 IS 사태에서 완전히 재기할 수 있을 때까지 미군이 주둔하면서 지원하는 게 미 국익에 도움이 된다"고 말했다. IS에 대응하기 위해 시리아 등지에 대한 파병을 늘리고, 이라크에도 상당 기간 미군을 주둔시키겠다는 것이다.

동석한 조지프 던퍼드 합참의장도 "미군이 이라크 등 중동 지역에서 더욱 적극적으로 개입해야 한다"고 개진했다.

군사전문지 밀리터리타임스에 따르면, 현재 이라크에는 군사고문단·지상군 등 5,100명의 미 병력이 주둔하고 있다. 최근엔 미 병력 2,500명이 이라크와 인접한 쿠웨이트에 추가로 배치됐다. 미국은 IS

격퇴전과 함께 현지 난민 지원 사업도 구상하고 있다.190)

■ **영국** : 영국군이 지난 18개월 동안(2014.9.1 ～ 2016.3.31) 시리아와 이라크에서 단행한 공습으로 1천 명에 가까운 이슬람국가(IS) 전사들을 제거한 것으로 확인됐다. AFP 통신은 정보공개청구로 확보한 영국 공군(RAF) 자료를 인용, 영국 공군이 이라크에서 공습을 개시한 2014년 9월 이래 지난달까지 이라크에서 벌인 공습으로 IS 전사 974명이 사망했다고 4월 30일(2016 현지시간) 보도했다.191)

■ **프랑스** : AFP통신에 따르면 프랑수아 올랑드 프랑스 대통령은 7월 22일(2016년) 각료회의에서 프랑스가 "다에시(IS의 아랍 명칭) 격퇴전에 참여하는 연합군으로서 이라크군에 무기를 공급하기로 결정했다"고 말했다. 올랑드 대통령은 내달부터 포병대와 이라크군을 훈련시킬 수 있는 군사 고문 등이 이라크에 파견될 것이라고 전했다. 이어 9월 말(2016년)에는 핵추진 항공모함 샤를 드골이 투입될 것이라면서 "항공모함은 시리아와 이라크에서 프랑스산 라파엘 전투기를 동원해 이뤄지는 IS 겨냥 공습 작전을 강화할 것"이라고 설명했다.192)

■ **터키** : 터키군이 이라크 정부의 거듭된 철군 요구를 무시하고 10월 23일(2016년) 이라크 북부에서 첫 군사행동을 시작했다. 비날리 이을드름 터키 총리는 이날 "페슈메르가(Peshmerga 이라크 쿠르드자치정부 군조직)의 요청에 따라 바쉬카 군기지에 주둔한 우리 군이 그들을 도

왔다"며 "페슈메르가에 우리의 포병부대와 탱크, 곡사포를 지원했다"고 말했다. 알자지라 방송도 페슈메르가 관계자를 인용, 터키군이 이날 IS 점령 지역을 포로 사격했다고 보도했다. 터키군 500여 명은 바쉬카 기지에 주둔하면서 페슈메르가와 수니파 부족을 훈련하고 군사 고문 역할을 하고 있다.[193]

미 국무부는 지난해 IS를 비롯한 전 세계 테러조직이 벌인 자살폭탄 테러는 726건으로, 한 달 평균 60.5건이었다고 발표했다. 이를 고려하면 IS가 5월 한 달간 벌인 자살폭탄 테러는 지난해 테러조직을 통틀어 집계한 한 달 평균치의 배가 되는 셈이다.

올해 IS가 저지른 자살폭탄 테러(489건) 중 303건이 이라크에서, 175건이 시리아에서 발생했다.[194] 이슬람 수니파 극단주의 단체 이슬람국가(IS)가 지난해(2016년) 점령지의 23%를 상실했다고 BBC 방송이 1월 19일(2017년) 시장조사기관 IHS(미 인문학 연구원) 마킷 보고서를 인용해 보도했다.

2015년에도 점령지 14%를 상실한 IS는 지난해 23%를 더 잃어 지금은 미국 플로리다주 크기도 안 되는 6만 400㎢만 차지하고 있다. 이라크군은 앞서 18일 모술의 동부 지역을 IS에서 모두 탈환해 모술 탈환작전 개시 3개월 만에 도시의 절반가량을 수복했다고 밝혔다.[195]

5-3.3. 시리아 사태

■ 시리아 사태 개관

시리아인권관측소(SOHR)에 따르면 '아랍의 봄' 여파로 2011년 3월 반정부 시위로 촉발된 시리아 내전으로 지난주(2016년 12월 17일)까지 31만 2천1명이 숨졌다. 내전 발발 전 2천300만 명이었던 시리아 인구 중 480만 명이 나라를 떠난 것으로 유엔은 집계하고 있다. 또한 관측소는 정부군 감옥에서 고문 등으로 숨진 사람을 최소 6만 명으로 추산했다.[196]

시아파 소수 분파인 알라위파가 권력을 장악한 알아사드 정권은 현재 반쪽짜리 정권으로 전락했다. 정권 붕괴 위기설까지 나왔던 알아사드 정권은 2015년부터 러시아와 이란 등 우방의 전폭적 군사적 지원을 받아 반군에 역공을 펼치는 양상이다.[197]

또한, 이 내전은 시리아 내 소수 종파인 알라위파 등 이슬람교 시아파(13%) 집권 세력과 다수 종파인 이슬람교 수니파(74%) 간 종교 전쟁의 성격을 동시에 가지고 있어서 알아사드 정부는 오랜 우방인 러시아와 시아파 종주국인 이란이, 반군은 알아사드 정부에 적대적인 미국 등 서방 국가와 수니파 종주국인 사우디아라비아가 지원하는 대리전쟁의 성격까지 띠고 있다.[198]

2016년 3월까지. 내전과 봉쇄, 가난, 배고픔에 지친 400만 명 이상이 시리아를 떠났다. 유럽행을 시도하다 익사한 시리아인도 2천 명을 넘어섰다. 시리아 내에서도 국민 절반가량인 1천100만 명이 고향을 등지고 난민 신세가 됐다. 알아사드 대통령의 지지 기반인 알라위파는 다마스쿠스와 서부 해안도시 라타키아를 중심으로 시리아 전체 인구의 불과 11%를 차지하지만, 그 나머지 대부분은 수니파다.[199]

시리아 수도 다마스쿠스 인근 정부 수용소에서 약 5년간 5천 명에서 1만 3천 명이 사형당했다는 조사 결과가 나왔다. AFP통신은 국제 앰네스티가 이 같은 내용이 담긴 '인간 도살장, 사이드나야 수용소의 대규모 사형과 말살' 보고서를 발간했다고 보도했다(2017년 2월 7일).[200]

▌ 전쟁 상황

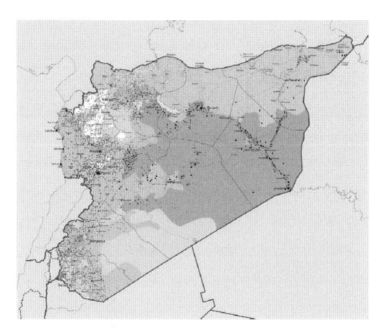

시리아의 군사적 상황:

▉ 시리아 정부군,

W 시리아 내전 - 위키백과 2017-03-12

화학무기 사용: AFP통신에 따르면 네드 프라이스 미 백악관 국가
안보회의(NSC) 대변인은 10월 22일(2016년) 성명을 내고 시리아가
2013년 화학무기금지조약(CWC)에 가입해 화학무기를 쓰지 않아야 할
의무가 있었지만 이를 따르지 않았다고 지적했다. 전날 안보리에 제
출된 유엔 합동조사기구(JIM)의 제4차 보고서에 따르면 시리아 정부군
은 지난해 3월 시리아 이들리브 주 크메나스에서 화학무기를 사용한
사실이 확인됐다.

화학무기금지기구(OPCW)와 유엔이 구성한 조사 기구인 JIM(유엔 합
동조사기구)은 지난 8월 3차 보고서에서도 2014~15년 시리아 정부가
최소 2차례 화학무기를 사용했고, IS도 겨자가스를 무기로 사용했다
고 발표했다.[201] 네덜란드 헤이그에 있는 화학무기금지기구(OPCW)는
11월 18일(2016년) 이슬람 극단주의 무장단체인 '이슬람국가(IS)'에 소속
된 지하디스트(이슬람성전주의자)들이 시리아에서 화학무기인 겨자가스를
직접 만들어 사용했을 수 있다고 밝힌 것으로 AFP통신이 이날 보도
했다. AFP에 따르면 OPCW는 시리아에서 지난 8월 이후 화학무기
가 사용됐다는 20건 이상의 보고가 있어 조사 중이다.[202]

미국이 화학무기 공격 의혹을 받는 시리아 정부군을 향해 미사일 표적 공격으로 대응했다. 미국 정부 관계자는 4월 6일(2017년 현지시간) 밤 지중해 동부해상에 있는 해군 구축함 포터함과 로스함에서 시리아의 공군 비행장을 향해 59발의 토마호크 크루즈 미사일을 발사했다고 밝혔다고 미국 관리들은 알샤이라트 공군 비행장이 화학무기 공격을 감행한 시리아 전투기들이 이륙한 곳이라고 전했다.

비행장의 전투기, 활주로, 유류 보급소가 공격 대상이었다.[203] 미국의 백악관 국가안보회의(NSC)가 현지 보고와 사상자 샘플을 분석한 결과 지난 4월 4일 시리아 북부 이들리브주 칸 셰이쿤에서 시리아 공군이 조종한 러시아 전투기 수호이(Su)-22가 화학무기 사린가스가 담긴 탄약 최소 1발을 투하한 것으로 보인다고 워싱턴포스트지(WP)가 밝혔다.[204]

러시아의 참전과 철군 : 2015년 9월에 러시아, 이라크, 이란과 시리아가 시리아 내에서의 작전 활동을 협조하기 위하여 바그다드에 합동작전실(정보센터)을 설치하였다. 2015년 9월 30일에 러시아는 자체 작전으로 그리고 시리아 정부의 요청으로 공군 전투를 시작하였다. 그 결과, 미국과 러시아 간의 대리전은 언론인들로 하여금 이 상황을 "거의 12개 국가들을 중첩된 전쟁에 끌어들이고 있는 최초의 세계 전쟁"으로 일컫기도 하였다.[205]

북대서양조약기구(NATO)가 러시아에 대하여 시리아 정부를 지원하기 위하여 공습을 시작한 수일(5일) 후에, 시리아의 반대파와 민간인

들에 대한 공습을 중단할 것을 요구하였다. 터키를 포함한 나토 28
개 회원국들은 러시아 군에 의한 무책임하고 극단적인 위험을 경고
하고, 그러한 행위들을 중지할 것을 요구하는 성명을 발표하였다(2015
년 10월 6일).[206]

러시아의 블라디미르 푸틴 대통령이 시리아에 있는 러시아군대의
철수를 결정했다. 크렘린 궁 대변인인 드미트리 페스코프는 3월 14
일(2016년) 푸틴 대통령이 시리아에 러시아군대를 투입한 목표를 달성
했다면서 15일부터 시리아에 있는 주요 병력을 철수하라고 명령했다
고 밝혔다. 한편, 시리아에 평화를 정착하기 위한 회담이 이날(2016년
3월 15일) 제네바에서 시작됐다.[207]

북한군과 기타 외국인 부대가 시리아 내전에 참전해 바샤르 알아
사드 대통령이 이끄는 정부군을 위해 싸우고 있다고 러시아 타스통
신이 3월 22일(2016년) 보도했다. 보도에 따르면 시리아의 반정부 대
표단인 고위협상위원회(HNC)의 수장 아사드 알주비는 내전 실태를 보
고하는 과정에서 이같이 밝혔다.

알주비는 "북한군 2개 부대가 시리아에 있는데 부대명은 철마
1(Chalma-1), 철마2(Chalma-2)"라고 설명했다. HNC는 스위스 제네바에
서 유엔의 중재로 열리는 시리아 평화회담에 참여하고 있다. 알주비
는 이란, 아프간인들도 자신들이 순례자라며 시리아에 들어와 알아사
드 대통령이 이끄는 시리아 정권을 위해 싸우고 있다고 주장했
다.[208]

다수의 북대서양조약기구(NATO) 회원국가들을 포함하는 여러 국가들이 주로 이라크 레반트 이슬람 국가(ISIL)와 싸우고 있으며, 또 서방 국가들에 온건파이며 우호적인 세력으로 알려지고 있는 자유시리아군(Free Syrian Army)와 같은 반군을 지원하기 위하여 연합합동특수임무 부대에 참가하고 있다. 시리아의 공습에 참가하고 있는 국가들로는 미국, 오스트레일리아, 바레인, 캐나다, 프랑스, 요르단, 네덜란드, 사우디아라비아, 터키, 아랍에미리트와 영국 등이다.209)

■ **미국** : 이달 초(2017년 3월) 시리아에 처음으로 파병한 정규 지상군이 3월 22일(현지 시각) 극단주의 무장단체 이슬람국가(IS)와 첫 전투를 벌였다. 미 국방부(펜타곤) 관계자는 기자회견(2017년 3월 23일)에서 "미군은 시리아 반군(SDF)과 연합해 시리아 북부 도시 락까 인근의 타브까 댐을 아파치(공격형) 헬기와 곡사포로 공격하는 등 대규모 군사작전을 전개했다"고 밝혔다.

이날(3월 22일) 미군은 타브까 댐 인근에 병력 약 1,000명을 배치하고 다연장로켓 발사시스템(HIMARS)과 M777견인포 공격으로 IS와 맞붙었다. 미군은 시리아에 추가 파병도 계획 중인 것으로 알려졌다. 최근 파병한 1,000명으로는 SDF, 쿠르드 민병대와 연합해도 IS와 지상전을 벌여 주요 지역을 탈환하는 데 역부족이기 때문이다.210)

■ **프랑스** : 파리에서 2015년 11월 16일 6건의 계획된 테러 공격이 있은 후에, 프랑스의 프랑수아 올랑드 대통령은 이라크-시리아

이슬람국가(ISIS)와의 전쟁을 선포하고 시리아 라카(Raqqa)의 이라크-시리아 이슬람국가(ISIS) 수도를 폭격하였다. 211) 2월 25일(2017년) 르푸앵과 프랑스앵포 등 현지 언론에 따르면 프랑스군의 이슬람국가(IS) 격퇴전의 핵심전력인 항공모함 '샤를 드골 호'가 전선에서 빠지고 1년 반의 '리노베이션'에 들어간다.212)

■ **영국** : 국방부 대변인을 인용한 AFP통신의 보도(2015년 12월 3일)에 따르면, 이날 "키프로스에서 출격한 공군 토네이도 전투기가 시리아에서의 첫 공습작전을 마치고 무사히 귀환했다"고 밝혔다. 이번 공습으로 영국은 미국, 프랑스, 캐나다, 호주, 요르단에 이어 시리아 내 IS 공습에 동참하게 됐다.213)

■ **독일** : 지난 12월 1일(2015) 내각회의에서 프랑스 주도의 시리아 내 IS 격퇴전에 최대 1천200명까지 병력을 파견할 수 있다는 내용의 지원안을 승인했다. 병력 투입은 물론 정찰형 전투기 '토네이도'와 지중해에 투입된 프랑스 항공모함 샤를 드골 호를 지원하는 구축함 파견 등이 담겼다.214)

■ **네덜란드** : 네덜란드가 시리아에서 이슬람국가(IS) 공습에 동참하기로 결정했다고 AFP통신이 1월 29일(2016년) 보도했다. 네덜란드는 2014년 10월부터 이라크에 F-16 4대를 파견해 미군 주도의 IS 격퇴작전에 동참하고 있다.215)

■ **유럽연합(EU)** : 유럽연합(EU)이 10월 27일(2016년) 시리아 민간인 학살사태와 관련해 시리아 고위급 관리 10명을 제재대상에 추가하기로 결정했다. AFP통신에 따르면 이들은 각각 여행제한 및 자산동결 등 제재를 받게 된다. 이로써 시리아 사태와 관련된 제재대상은 개인 217명, 단체 69곳 등으로 늘어났다.[216]

■ **시리아 평화 회담**(Syrian peace process) : 시리아 평화 회담(프로세스)은 2011년 이래 시리아를 파괴하고 또 국경을 넘어 확대되어 온 시리아 내전을 해결하기 위한 정책과 계획의 총체를 말한다. 이 평화 프로세스(회담)은 아랍 연맹, 유엔 시리아 특별 사절과 러시아와 서방 열강들에 의하여 추진되어 왔다.[217]

내전을 종결하기 위한 협상 당사자들은 통상 시리아 바스당(黨) 노선 추구자(Ba'athist) 정부와 시리아 야권의 대표자들이었으며, 서방의 지원을 받는 쿠르드 군은 협상에 가담하지 않았다. 극단주의 수니 이슬람 운동(살라피스트)과 이슬람 국가 레반트(IS)는 전쟁의 평화적 해결을 위한 어떠한 접촉도 관여해 오고 있지 않다.

내전의 해결을 위한 시도는 2011년 늦게 시작되었는데, 당시 아랍 연맹(Arab League)은 2개의 정책제안을 하였으나, 성공하지 못했다. 2012년 1월과 2013년 11월에 러시아는 시리아 정부와 반대세력 간의 회담을 모스크바에서 열 것을 제안하였다. 2012년 3월~5월에 코피 아난 주재의 유엔 아랍 연맹의 계획을 추진하였다. 2014년 1월과 2

월에, 당시 유엔 시리아 특사였던 라크다르 브라히미(Lakhdar Brahimi) 가 주재한 시리아 제네바 Ⅱ 회담이 개최되었다. 2015년 10월 30일 에 빈(오스트리아)에서 미국, 유럽연합, 러시아, 중국과 사우디아라비 아, 이집트, 터키와 처음으로 이란 등을 포함한 다양한 지역 행위자 들의 대표자들을 포함하는 후속 회담이 시작되었다. 2017년 반군 지 도자들과의 평화협상이 카자흐스탄 아스타나에서 계속되었다.218)

시리아 내전에 개입해 반군과 정부군을 각각 지원해 온 터키와 러 시아 양국이 12월 28일(2016년 현지시간) 시리아 휴전에 전격적으로 합 의했다고 터키 관영 아나돌루 통신이 보도했다. 이번 휴전은 "오늘 밤인 29일 0시부터 알레포를 포함해 시리아 정부군과 반군이 교전하 는 전역에서 효력을 갖게 되며 이 계획안은 휴전 당사자들에게 전달 될 계획"이라고 이 통신은 전했다.

양국은 또 시리아 내 휴전이 실제 이행되면 카자흐스탄 수도 아스 타나에서 열릴 회담에서 정치적 평화 계획안을 추가로 내놓을 예정 이라고 매체는 설명했다. 그러나 시리아에서 활동하는 테러단체들은 이번 휴전대상에 포함되지 않았다.219)

유엔 안전보장이사회(안보리)가 12월 31일(2016년) 시리아의 전면 휴 전을 지지하는 결의안을 만장일치로 통과시켰다. 안보리 15개 이사 국은 이 결의를 통해 "시리아 내전을 끝내고 평화 프로세스에 착수하 기 위한 러시아와 터키의 노력을 환영하고 지지한다"고 밝혔다. 시리 아 내 정부군과 반군의 전면적 휴전은 12월 29일(2016년) 공표됐고,

30일 0시를 기해 발효된 상태다.[220] 2016년 12월 29일에 러시아 블라디미르 푸틴 대통령은 시리아 정부와 반군 집단 간에 휴전이 이루어졌으며, 러시아와 터키가 보증하고 이란이 3자 협약의 서명자로 참여한다고 발표하였다. 회담은 1월 15일 카자흐스탄 수도 아스타나에서 유관 단체 간에 개최된다.[221]

● 2017년 1월의 "**아스타나 회담**"(The Astana Process talks)

시리아 야권의 대표자들과 바샤르 알 아사드 정부의 대표자들은 이전에 협의된 휴전을 어떻게 연장하느냐를 논의하기 위하여 카자흐스탄 아스타나에서 회담이 개최되었다.[222] 아스타나 회담의 공식 명칭은 시리아 사태의 해결을 위한 국제회의이다. [223] 아스타나 평화회담(The Astana Process talks)은 유엔의 제네바 평화회담(Process talks)을 보완하는 것이지 대체하는 것이 아니다.[224]

● 2017년 2월 **제4차 제네바 회담**(The Geneva Syria peace talks)

시리아 관련 제네바 제4차 평화회담은 국제연합(UN)의 주최로 시리아 정부와 시리아 야권 간의 평화 협상이다. 이 회담은 2017년 2월 23일에 시작되었다.[225]

● 2017년 3월 **아스타나 회담**

2017년 3월 14~15일간에 아스타나에서 있은 제3차 회담은 현존의 휴전 합의에 참가하는 당사국들에 의한 추가적인 합의를 이루어 냈다.226) 이들 회담의 결과, 이란이 보증 국가로서 터키와 러시아에 추가되었다.227)

5-3.4. 터키, 사우디아라비아, 요르단

▌터키

터키 공군 전투기가 11월 24일 시리아 접경에서 러시아 전투기가 영공을 침범했다며 격추해 긴장이 고조되고 있다. 터키군은 이날 성명에서 터키 F-16s 전투기가 남부 하타이주 야일르다 영공을 침범한 전투기에 5분 동안 10차례 경고했으나 이를 무시함에 따라 공격했다고 밝혔다. 공격을 받은 러시아 수호이(Su)-24 전투기는 투르크멘족 반군이 장악한 지역인 시리아 북부 라타키아 주 야마디 마을에 떨어졌다.228)

최대도시인 이스탄불과 수도 앙카라에서 최근 8개월 동안 대규모 자살폭탄 테러가 6차례나 벌어져 모두 210여 명이 숨졌다. 이스탄불에서 발생한 테러는 외국 관광객이 몰리는 최대 관광지를 노렸고, 앙카라에선 정부청사가 밀집된 중심부가 공격받았다. 이들 대형 테러 6건은 수니파 무장조직인 '이슬람국가'(IS)와 쿠르드족 분리주의 테러조직인 '쿠르드노동자당'(PKK), PKK의 분파인 '쿠르드자유매파'(TAK) 등이 연루됐으며 추가 테러 우려도 나온다.229) 현지 언론들은 테러 배후로 IS를 지목했다. 앙카라 테러 2건은 모두 TAK(쿠르드 자유매파)가 성명을 내고 배후를 자처했다. TAK는 터키 당국이 동남부에서 PKK 소탕작전을 벌이는 것에 보복하는 것이라며 추가 테러를 벌이겠다고 협박했다.[230]

6월 28일(2016년) 오후 10시쯤 터키 최대도시 이스탄불의 아타튀르크 국제공항에서 자살폭탄 테러가 발생해 최소 36명이 숨지고 100명이 넘는 부상자가 발생했다. 배후를 자처하는 세력은 아직 없지만, 극단주의 무장단체 이슬람국가(IS)가 '건국 2주년'(6월 29일)을 앞두고 저지른 테러라는 관측이 나오고 있다. 이번 테러는 올해 들어 이스탄불에서 발생한 네 번째 대형 테러다. IS는 2014년 이슬람 단식 성월인 라마단 첫날인 6월 29일 정교일치의 칼리파가 다스리는 국가를 수립했다고 선언했다.[231]

터키 주재 러시아대사가 12월 19일(2016년) 오후 앙카라의 한 전시회에서 터키 경찰관이 쏜 총에 맞아 숨졌다. 안드레이 카를로프(62) 러시아대사는 이날 터키 수도 앙카라의 현대미술관에서 열린 '터키인의 눈으로 본 러시아' 개막식에서 축사하던 중 현장에 잠입한 검은색 양복 차림의 남성이 뒤에서 쏜 총을 맞고 쓰러졌다. 카를로프 대사는 즉시 가까운 병원으로 옮겨졌으나 결국 숨졌다. 터키 내무부에 따르면 저격범은 메블뤼트 메르트 알튼타시(22)라는 이름의 터키 경찰관이다. 일부 언론은 알튼타시가 터키 쿠데타 연계 혐의로 최근 해고됐다

고 보도했다.[232]

AP·AFP통신, 현지 언론에 따르면, 1월 1일(2017년) 수백 명 인파가 새해가 온 것을 축하하고 있던 터키 이스탄불 번화가의 클럽에 산타 복장을 한 괴한들이 들이닥쳐 총을 난사했다. 일부 매체는 당시 클럽에 최대 800명이 있었다고 보도했다. 터키 이스탄불과 수도 앙카라는 극단주의 무장단체 이슬람국가(IS)나 쿠드르계 반군 등으로부터 수차례 공격을 받아 지난 한 해 동안만 250명 이상이 숨졌다.[233] 수니파 급진 무장세력 이슬람국가(IS)가 새해 첫날 터키 이스탄불에서 발생한 나이트클럽 총기난사 테러의 배후를 주장했다(2017년 1월 2일).[234]

▌사우디아라비아

사우디아라비아의 주도로 이슬람권 국가 34개국이 '테러와의 전쟁'을 위한 군사동맹을 구축하기로 했다. 사우디는 12월 15일 국영 SPA통신을 통해 배포한 공동성명에서 "테러리즘을 뿌리 뽑기 위해 모든 수단과 협력을 동원해 싸워야 한다"며 이같이 밝혔다고 dpa통신과 월스트리트 저널(WSJ) 등이 보도했다. 이슬람권 군사동맹에는 사우디와 요르단, 카타르, 아랍에미리트(UAE), 바레인, 레바논, 쿠웨이트, 예멘, 터키, 이집트, 모로코, 나이지리아, 파키스탄, 말레이시아 등 중동과 아프리카, 아시아의 이슬람 국가들이 대거 참여했다. 이들의 군사 작전을 지휘하고 지원할 합동작전센터는 사우디 수도 리야드에 설치된다.[235]

이슬람 급진 무장세력, IS가 또 사우디아라비아에서 연쇄 자폭 테러를 저질렀다. 미국 총영사관 인근에서 테러를 감행한 같은 날(2016년 7월 4일), 이번에는 이슬람 사원을 노렸다. 사우디아라비아 제다(지다 Jeddah)에 있는 미국 총영사관 인근에서 자폭 테러가 발생한 지 불과 12시간 만이다. 앞서, 미국 총영사관 인근에서 발생한 폭탄 테러로 2명이 다쳤으며, 연쇄 폭탄 테러에 대한 우려가 고조되고 있다. 236)

▌요르단

요르단 중남부에 있는 십자군 요새 관광지에서 총격 사건이 발생해 외국인 관광객과 현지 경찰관 등 10명이 숨지고 20여 명이 다쳤다. 현지시간으로 12월 18일(2016년), 요르단 수도 암만에서 남쪽으로 약 120km 떨어진 알카라크의 유명 관광지 일대에서 무장 괴한들이 경찰관과 관광객에게 총격을 가한 뒤 중세 십자군 시대의 요새에 침입해 경찰과 총격전을 벌이며 대치했다. 이 총격으로 캐나다 여성 1명과 요르단 경찰관 6명, 요르단 민간인 3명 등 10명이 숨지고 다른 경찰관과 보행자 등 27명이 다쳤다.237)

5-3.5. 예멘, 소말리아, 케냐

▌예멘

solatido@yna.co.kr 연합뉴스 2016-03-26

예멘은 과거에 오스만 제국으로부터 독립한 북예멘(예멘 아랍 공화국)과 1967년 영국으로부터 독립하여 사회주의 정체를 채택한 남예멘(예멘 인민 민주 공화국)으로 분열되어 있었다. 1990년 남북 간 합의로 통일 정부가 구성되었는데, 얼마 되지 않아 충돌이 발생, 내전으로 비화했다. 남예멘 관료들은 예멘민주공화국을 선포했다. 내전은 북예멘 군대가 남예멘의 수도 아덴을 점령하며 북예멘의 승리로 끝나, 비로소 완전한 통일이 이루어졌다. 하지만 통일된 지 22년 만에 다시 분단될 수 있다는 우려를 낳고 있다.[238] 2013년 1월 14일에는 예멘 남부에서 분리독립을 요구하는 대규모 시위가 벌어졌다.[239]

2014년 9월부터 시아파 무장 단체 후티 반군은 수도 사나에 진입하여 대통령의 사임을 요구하는 쿠데타(후티 쿠데타)가 시작되었다. 2015년 1월 20일, 반군이 대통령 관저를 공격하고 대통령궁을 장악했다.

1월 22일, 대통령 압드라보 만수르 하디와 총리 칼레드 바하흐는 의회에 사임을 냈으나, 의회는 사임안을 거부할 뜻을 밝혔다.

2월 6일, 후티는 임시 헌법을 발표하며 의회를 해산하고 새 의회(551명)를 구성하며, 대통령 위원회(151명)를 설치해 2년간 정부 역할을 맡게 하겠다고 밝혔다.[240] 하디 대통령은 아덴으로 정부를 옮겼지만 사나를 중심으로 한 후티 세력의 공격을 받아 사우디아라비아로 망명했고, 인구가 희박한 동부 지역만을 통치하게 되었다. 하디 정부는 2015년 9월말 아덴으로 환도했고, 하디는 리야드에 한동안 머물렀고 2015년 11월에 뒤늦게 귀국하였다.[241]

사우디아라비아가 2015년 3월 26일 예멘 시아파 반군을 전격 공습하면서 내건 작전명은 '단호한 폭풍'이었다. 예멘은 이 작전명대로 폭풍 속으로 빠져들었다.[242] 사우디는 즉시 걸프지역의 수니파 왕정을 중심으로 아랍동맹군을 결성해 예멘 시아파 반군 후티를 군사적으로 압박했다.

예멘에서 구호사업을 하는 옥스팜이 내전 1년을 맞아 3월 22일(2016년) 낸 자료에서 "무분별한 공습과 전투로 6천100여 명이 숨졌고 240만여 명이 집을 떠났다"며 "예멘 인구의 82%인 2천12만 명(어린이

990만 명 포함)이 긴급한 인도적 구호가 필요하다"고 밝혔다. 옥스팜은 또 예멘 내전으로 지난 1년간 하루 평균 113명의 사상자가 나고, 기근 직전의 인구가 760만 명에 이른다고 집계했다.243)

예멘 수도 사나에서 사우디아라비아 주도 동맹군이 10월 8일(2016년) 열린 반군 유력 인사의 장례식장을 폭격해 대규모 인명피해가 났다. 미국 CNN 방송은 보건부 관계자들을 인용해 최소 155명이 사망했다고 보도했다. 최근 유엔과 인권 단체들은 내전으로 최소 9천 명이 숨지고 300만 명이 집을 잃은 것으로 추산하고 있다.244)

2016년 3월 시작된 예멘 내전에서는 지금까지 사망자만 6천900여 명에 달하고 3만5천 명 이상이 다쳤으며 최소 300만 명이 피란민이 된 것으로 집계된다. 유엔은 2천800만 명에 달하는 예멘 국민 절반 이상이 내전 이후 식량 부족으로 고통받고 있으며 수십만 명이 아사 위기에 처한 것으로 보고 있다.245)

예멘 남서부의 홍해 연안 항구도시 모카에서 정부군과 반군의 전투가 최근 격렬하게 벌어지고 있다. 모카 시내와 주변에선 이달 1월 7일(2017년)부터 전투가 심해지기 시작해 28일까지 양측에서 모두 260여 명이 숨졌다. 유엔은 2015년 3월부터 예멘 내전으로 민간인만 1만 명이 숨졌고, 예멘 국민의 80%인 1천400만 명이 굶주림에 시달리고 있다면서 예멘 정부와 반군에 휴전 협상을 촉구했다.246)

도널드 트럼프 미국 대통령이 취임 후 처음 승인한 대(對)테러 군사

작전에서 미군 특수부대원 1명이 숨졌다. AFP통신 등에 따르면 미군은 1월 29일(2017년) 예멘 중부의 무장단체 알카에다 지부 공격에 투입됐던 네이비실 대원들 가운데 1명이 목숨을 잃고 3명이 다쳤다고 밝혔다.247)

▌ 소말리아

소말리아(Soomaaliya)는 아프리카 동부에 있는 나라이다. 정식 국호는 소말리아 연방공화국으로 과거에는 소말리아 공화국, 소말리아 민주공화국이었다. 아프리카의 뿔에 있는 나라로 북서쪽으로는 지부티, 남서쪽으로는 케냐, 서쪽으로는 에티오피아와 국경을 맞대고 있으며, 북쪽에는 아덴 만과 예멘, 동쪽에는 인도양이 있다.248) 현재 소말리아는 소말리아 내전으로 인해 세계에서 "가장 위험한 국가"중 하나로 분류되고 있다. 이 이유로 대부분 국가에서 소말리아는 시리아, 아프가니스탄, 예멘, 이라크, 리비아와 함께 여행 금지국으로 지정되어 있다.249)

소말리아는 1960년에 영국과 이탈리아로부터 독립하여, 두 지역이 통합하여 소말리아 민주 공화국으로 탄생하였다. 1991년 1월 26일 시아드 바레 대통령이 모하메드 파라 아이디드가 이끄는 군벌연합의 쿠데타로 축출되어 퇴임한 이후, 소말리아 혁명에 반대하는 혁명이 발생했다. 그에 따라, 혼란이 발생하였고, 현재까지 계속되는 전쟁으로. 30만 명 또는 40만 명이 사망한 것으로 알려져 있다.250) 2012년 8월 20일 과도 정부 체제를 끝내고 헌법과 의회제도를 도입하여

소말리아 연방 공화국으로 출범하였다.251)

1월 21일(2016년) 밤 소말리아 수도 모가디슈의 한 해변 식당에서 소말리아 극단주의 무장조직 알샤바브 조직원 5명이 폭탄을 터뜨리고 총기를 난사해 20명 이상이 사망했다. 알샤바브는 사건 이후 자신들이 운영하는 온라인 방송에서 이번 테러가 자신들의 소행이라고 주장했다. 알샤바브는 극단주의 무장단체 알카에다와 연계돼 있지만, 최근에는 일부 분파가 알카에다의 라이벌인 '이슬람국가'(IS)에 충성을 맹세한 단체다. 252) 소말리아 수도 모가디슈(Muqdisho)에 있는 한 호텔에서 6월 25일(2016년) 무장 괴한의 폭탄 공격과 총기 난사에 이은 유혈 인질극이 발생해 10여 명이 사망했다. 소말리아에서 활동하는 이슬람 극단주의 무장단체 알샤바브(Al-Shabaab)는 이번 공격의 배후를 자처했다.253)

소말리아에서 활동하는 이슬람 극단주의 무장단체 알샤바브가 7월 26일(2016년) 수도 모가디슈에 있는 평화유지군 기지를 공격해 최소 13명이 사망했다. 알샤바브는 이 사건 직후 배후를 자처했다. 소말리아에는 인접국 케냐와 에티오피아, 우간다, 부룬디, 지부티가 소말리아 정부를 돕기 위해 2007년부터 2만 2천여 명의 아프리카연합 소말리아임무단(AMISOM) 병력을 파견한 상태다.254)

소말리아에서 미국이 드론(무인기) 공습을 벌여 미군 등을 겨냥한 테러를 준비하던 이슬람 무장단체 알샤바브 대원들을 무더기로 사살했다고 뉴욕타임스(NYT) 등이 미국 국방부를 인용해 보도했다(2016년 3월 7일). 제프 데이비스 국방부 대변인은 미군이 지난 5일 오후 2시께 모가디슈에서 북쪽으로 195km 떨어진 알샤바브의 '라소' 훈련 캠프를 드론으로 공습해 "훈련을 받던 테러리스트 150명 이상을 사살했다"고 밝혔다.255)

■ 케냐

케냐 공화국(Republic of Kenya) 또는 케냐(Kenya)는 동아프리카의 공화국이다. 인도양에 면해 있으며 북동쪽으로 소말리아, 북쪽으로 에티오피아와 남수단, 서쪽으로 우간다, 남쪽으로 탄자니아와 국경을 맞닿고 있다. 수도는 나이로비이며 공용어는 영어와 스와힐리어이다. 인구는 4,403만 명(2013년 7월, CIA 추정자료)이다.256)

수도 나이로비 쇼핑몰에서 2013년 알샤바브의 테러로 67명이 목숨을 잃었으며 2015년 4월에는 북동부 가리사 대학교에서 벌어진 테

러 공격으로 148명이 사망했다. 2016년 1월(15일)에는 아프리카연합
(AU)군 기지를 공격ㆍ점령하는 과정에서 케냐 군인을 100명가량 사살
하고 무기와 군용차량을 점거했다고 주장하기도 했다.[257)

5-3.6. 튀니지, 리비아, 이집트

▌튀니지:

튀니지는 1956년 3월 20일에 프랑스로부터 독립하였으며, 현재
약 165,000km²(64,000 평방마일)의 국토를 가진 세계에서 92번째로 큰
국가이다. 인구는 10,432,500명(2009년 7월 기준)이며 국민의 대부분은
튀니지인(Tunisian)으로 이루어져 있다. 공식언어는 아랍어이며 제 2
국어로 프랑스어가 사용된다. 튀니지는 헌법에서 종교가 이슬람교임
을 명시적으로 밝히고 있는 이슬람교 국가이다.[258)

북아프리카 튀니지의 수도 튀니스에서 대통령 경호원 수송 버스를
겨냥한 폭탄 공격으로 최소 12명이 사망했다고 알자지라 방송과
AFP 통신 등이 보도했다(2015년 11월 25일). 2011년 초 '아랍의 봄' 민주

화 시위 발원지인 튀니지에서는 지네 알아비디네 벤 알리 정권이 붕
괴하고 나서 이슬람 극단주의자들의 테러 공격이 끊이지 않았다.

2015년 3월에는 튀니스의 바르도 국립박물관에서 무차별 총기 난
사 사건이 발생해 외국인 관광객 등 22명이 목숨을 잃었고, 지난 6
월에도 지중해 휴양지 수세의 한 리조트에서 벌어진 총격 사건으로
외국인을 포함해 38명이 사망했다. 당시에도 튀니지 정부는 비상사
태를 선포한 바 있다. 수니파 무장조직 이슬람국가(IS)는 두 사건 모
두 자신들의 소행이라고 주장했다.[259]

▌리비아

리비아는 2014년 6월에 새 의회를 선출했다. 2014년 리비아 하원
선거 과정에서 이슬람주의 세력이 패배하자 이슬람주의 세력이 반란
을 일으켜 새 의회의 정부를 투브루크로 피난을 가도록 만들었다. 이
슬람주의 계통의 민병대가 새 의회에 참여하지 않은 기존 총국민회
의 의회 의원들을 바탕으로 의회를 구성하면서 서로 합법 정부를 자
처하는 두 개의 국가로 분단되었다.

트리폴리를 이슬람주의 세력이 장악하고 있는 가운데 트리폴리에
소재한 리비아 대법원은 2014년 11월 6일자로 6월 총선이 무효라고
선고했다.[260] 대부분의 국제사회는 투브루크로 피난 간 새 정부를
리비아의 합법정부로 보고 있다. 이 가운데 이슬람 극단주의 테러집
단인 이슬람 국가(IS)가 리비아에서 세력을 확장하는 중이다.[261] 수도
트리폴리 인근의 수니파 무장조직 '이슬람국가'(IS) 근거지를 미국 전

투기가 2월 19일(2016년) 공습했다. AP통신과 AFP통신 등은 미국과 리비아 관리들을 인용해 이번 공습으로 IS 소속으로 추정되는 다국적 조직원 40여 명이 사망했다고 보도했다.[262]

수니파 극단주의 무장단체 이슬람국가(IS) 소탕을 위해 미군 특수부대 요원들이 북아프리카 리비아에 투입돼 현지 무장세력을 규합하고 있다고 워싱턴포스트(WP)가 5월 12일(2016년) 보도했다. 전초기지에 배치된 인원은 25명 이하로 알려졌다. 프랑스 등 여타 유럽 국가들도 각자 특수부대원들을 파견해 유사한 활동을 벌이고 있다고 미국과 리비아 당국자는 전했다.[263]

리비아 내 수니파 급진 무장세력 이슬람국가(IS)의 거점인 시르테(Sirte) 지역에서 미국 특수부대가 처음으로 작전을 펼쳤다고 워싱턴포스트(WP)가 보도했다(2016년 8월 9일). 미 국방당국은 시르테 지역에 1,000명 이하의 IS 조직원이 있는 것으로 파악하고 있다.[264]

■ 이집트

2013년 1월 25일에 이집트는 혁명이 일어난 지 2주년이 되었지만, 시위와 함께 유혈사태가 일어나면서 1월 27일에 무르시는 3곳에 비상사태를 선포했다. 2월 1일에는 무르시에 반대하는 시위가 이집트 전역에 발생하면서 시위대와 진압 경찰이 충돌했다.[265] 2013년 7월 3일 압델 파타 엘시시 국방장관 주도의 군부 쿠데타가 일어나 무함마드 모르시 대통령이 축출되었다. 아들리 만수르(헌법재판소장)가 대통령 대행(동년 7월 4일 취임)이지만, 사실상 국가원수로 쿠데타를 주도한 국방장관 압델 파타 엘시시가 영향력을 행사하고 있다.[266]

이집트 수도 카이로에 있는 콥트교 교회에서 12월 11일 오전 10시경(2016년)의 예배 시간에 폭탄이 터져 최소 25명이 사망하고 49명이 다쳤다고 이집트 국영TV와 일간 알아흐람 등 현지 언론이 보도했다. 현지 일각에서는 수니파 무장조직 이슬람국가(IS) 이집트 지부의 소행 가능성을 제기하고 있다. IS의 이집트지부를 자처한 '안사르 베이트 알마크디스'는 군인과 경찰을 겨냥한 총격과 폭탄 공격의 대부분이 자신들의 소행이라고 주장해 왔다.[267]

5-3.7. 이스라엘, 팔레스타인

▌동예루살렘 :

유엔 안전보장이사회(안보리)는 1월 9일(2017년) 4명의 이스라엘 군인 사망자를 낸 '동예루살렘 트럭돌진 공격'을 테러로 규정하고 강하게 비난했다. 안보리는 언론성명을 내고 "형태를 불문하고 테러리즘은 국제 평화와 안보에 가장 심각한 위협임을 재확인한다"며 "가장 강력한 언어로 이를 규탄한다"고 밝혔다.

성명은 이어 "테러 행위는, 동기가 무엇인지, 언제 어디서 누가 자행했는지 와 상관없이 정당화될 수 없는 범죄행위"라면서 가해자 처벌이 뒤따라야 한다고 강조했다.

성명은 나아가 유엔 회원국은 유엔헌장에 따라 테러 행위로 국제 평화와 안전이 위협받는 상황에 대해 단호히 대처해야 한다는 점도 거듭 확인했다. 이스라엘 동예루살렘에서 전날 팔레스타인 운전자가 몰던 트럭이 이스라엘 군인들을 향해 돌진하면서 4명이 사망하고 15명이 다쳤다. 가자지구를 통치하는 무장 정파 하마스는 사건 직후 트위터를 통해 "이 영웅적인 행동은 다른 팔레스타인에 동기를 부여할 것"이라고 밝혔다.268)

5-4. 기타 아프리카 지역

미국이 보코하람 등 이슬람 극단주의 무장세력에 맞선 대테러전 강화책의 하나로 아프리카에 두 번째 상주 군기지 설치를 추진하는 것으로 밝혀졌다.

미국의 소리방송(VOA)은 미 아프리카사령부(AFRICOM) 대변인의 말을 빌려 미국이 아프리카 내 두 번째 상주 군기지 설치 계획과 관련해 11개 장소를 대상으로 가능성을 타진해왔다고 5월 17일(2016 현지시간) 보도했다.

미국은 현재 아프리카 북동부 소국 지부티에 상주 군기지(캠프 르모니에)를 운영 중이다. 이와 함께 미국은 소말리아에 JSOC(합동특수작전사령부) 소속 소규모 특수임무대를 파견해 현지군과 합동으로 알샤바브 격퇴전을 벌이고 있으며, 서아프리카 카메룬에도 일부 병력을 파

견해 수니파 극단주의 무장세력 '이슬람국가'(IS) 추종 조직인 보코하
람 추적과 무력화에 주력해왔다.[269]

5-4.1. 나이지리아, 카메룬, 민주 콩고

■ 나이지리아

나이지리아 북부 제2의 도시인 카노(Kano) 인근에서 11월 27일: 자
살 폭탄 테러가 발생해 최소 21명이 사망하고 40명 이상이 다쳤다.
이날 테러는 카노 시 남쪽 20㎞ 떨어진 다카소예 마을에서 시아파
무슬림이 행진하는 와중에 발생했다. 자살폭탄 테러를 일으킨 배후는
극단주의 무장단체 보코하람 소행일 가능성이 큰 것으로 알려졌
다.[270]

나이지리아에서 10대 소년에 의한 자살폭탄 테러로 민간인 10여
명이 사망했다고 AFP통신이 보도했다. AFP에 따르면, 1월 29일
(2016년) 정오쯤 나이지리아 북동부 아다와마주(州) 곰비 마을의 한 시
장에서 거대한 폭발이 일어나 최소 10명이 숨지고 다수의 부상자가
발생했다. AFP는 2009년 나이지리아 북부 지역에서 보코하람이 발
호한 이후 1만7000여 명이 숨졌고, 260만여 명의 난민이 발생했다
고 전했다.[271]

보코하람은 이슬람 근본주의 국가 건립을 목표로 결성된 뒤 7년가
량 나이지리아 북부 지역을 장악해 왔다. 이들은 2014년 여학생 276
명을 납치해 악명을 떨쳤으며 2014년 각종 테러로 6천664명을 살해

해 수니파 극단주의 무장조직 '이슬람국가'(IS)보다 더 많은 사망자를 낸 테러단체로 꼽혔다. 미국은 보코하람과 전쟁을 돕기 위해 나이지리아에 정찰 드론(무인기)을 지원했으며 프랑스도 군 장비와 훈련을 제공했다.[272]

나이지리아군은 11월 5일(2016년) 카메룬 국경 근처에서 이슬람 무장단체 보코하람에 납치됐던 치복 여학생 1명을 구출했다고 밝혔다. AFP통신에 따르면 사니 우스만 나이지리아군 대변인은 "어제(4일) 오후 군 병력이 풀카 지역에서 여학생을 구해냈다"며 이같이 말했다.[273] 기독교 중심의 나이지리아 정부에 반발해 7년째 무력투쟁을 벌이고 있는 보코하람은 무슬림 밀집지역인 북동부 지역을 중심으로 활동하며 인접 국가인 카메룬·차드·니제르까지 세력을 뻗치고 있다.[274] 정부군과 보코하람 간 전투로 지금까지 2만 명 이상이 숨지고 230만 명이 집을 잃은 채 난민 신세가 됐다.[275]

▌카메룬

카메룬 북부 지역에 있는 한 모스크(이슬람사원)에서 1월 13일(2016년) 자살 폭탄 공격이 발생해 최소 12명이 사망했다고 AFP통신 등이 보도했다. 카메룬 당국은 이번 공격이 이슬람 극단주의 무장단체 보코하람과 연계된 세력의 소행으로 추정된다고 말했다.[276] 나이지리아와 가까운 카메룬 북부 마을에서 1월 25일(2016년) 극단주의 무장단체 보코하람의 소행으로 의심되는 자살 폭탄 공격이 발생해 최소 35명이 숨지고 65명이 부상했다. 카메룬 정부는 테러범들이 나이지리아에서 넘어온 보코하람 세력이라고 지목했다.[277] 카메룬 정부에 따르면 나이지리아 북동부에 근거지를 둔 보코하람은 지난 2013년부터 카메룬 최북단 지역을 공격해 지금까지 1천200여 명이 목숨을 잃었다.[278]

▌ 민주 콩고

콩고민주공화국(민주콩고)에서 부족간 유혈충돌이 일어나 12월 25일 (2016년) 13명이 사망했다. AFP통신에 따르면 민주콩고 동부 북키부주에서 난데 부족 민병대가 후투족 거주지를 습격해 8살배기 소녀 등 13명을 살해했다. 난데족과 후투족은 광물 자원과 영토를 두고 민주콩고 동부에서 20여 년간 갈등을 빚어 왔다.[279] 콩고민주공화국(민주콩고)에서 정부군과 반군 간 충돌로 지난 사흘간 16명이 사망했다. 민주콩고 내 가장 불안정한 지역으로 분류되는 동부의 북키부주(州)에서 지난 20일(2017년 2월)부터 사흘간 진행된 정부군과 M23 반군 간 교전으로 이 같은 인명피해가 발생했다고 AFP가 23일(현지시간) 보도했다.[280]

5-4.2. 말리, 부르키나파소, 코트디부아르

▌ 말리

말리 수도 바마코에서 이슬람 무장단체가 벌인 호텔 인질극(2015년 11월 20일)으로 인질 19명과 테러범 2명 등 총 21명이 사망했다. 이브

라힘 부바카르 케이타 말리 대통령은 11월 20일, 인질극 종료를 발표하면서 이 같은 사망자수를 발표했다고 BBC 방송 등이 국영 라디오 방송을 인용해 보도했다. 장 이브 르 드리앙 프랑스 국방장관은 이번 테러를 모크타르 벨모크타르가 이끄는 알카에다 계열 무장단체 알 무라비툰의 소행일 것이라고 지목했다.[281] 서아프리카 말리의 한 군기지에서 1월 18일(2017년) 자살 폭탄 공격이 일어나 최소 50명이 숨졌다고 AP통신 등 외신이 전했다. 과거 말리를 식민지배했던 프랑스는 이슬람 극단주의 조직의 확장을 막기 위해 2013년 초 말리에 군 병력을 파병해 극단주의 무장단체 격퇴에 나서기도 했다. [282]

▌부르키나파소

아프리카 서부 내륙국가 부르키나파소의 수도인 와가두구에 있는 한 고급 호텔에서 1월 15일(2016년) 인질극이 발생해 최소 20명이 숨졌다. 테러감시단체 SITE에 따르면 알카에다북아프리카지부(AQIM)가 이번 범행을 자처하고 나섰다.[283] 1월 15일(2016년) 부르키나파소 수도 와가두구의 고급 호텔에서 발생한 인질극이 최소 23명의 사망자를 내고 하루 만에 진압됐다. 사망자는 모두 18개국 출신으로, 내국인보다 백인 등 외국인 희생자들이 더 많았던 것으로 전해졌다.[284]

▌코트디부아르(또는 Ivory Coast)

아프리카 서부 코트디부아르의 해변 휴양지에서 3월 13일(2016년) 알카에다 소속으로 추정되는 무장 괴한들이 총격 테러를 벌여 최소

22명이 사망했다고 AFP·AP통신 등이 보도했다. 이날 총격은 코트디부아르의 경제 수도 아비장에서 동쪽으로 40㎞ 떨어진 그랑바상의 해변 리조트 내 대형 호텔인 레투알 뒤 쉬드 등 호텔 3곳과 해변에서 발생했다. 사건 후 알카에다 북아프리카지부(AQIM)가 배후를 자처하고 나섰다.[285]

5-4.3. 남수단 내전

남수단 내전은 2013년 12월 14일, 남수단에서 남수단 육군의 파벌 중 일부가 쿠데타를 일으킨 후 발발한 내전으로, 전투는 남수단 정부군과 야당인 수단인민해방운동(SPLM) 간에 발생하였고, 내란으로 발전하였다. 12월 16일 이후 재개된 전투는 수도 주바를 넘어서 종글레이 주의 민족 경계선을 따라 전투가 확장되어, 적어도 1,000명이 사망했고 800명 이상이 부상을 입었다.[286]

2014년 1월에 최초의 휴전이 성립되었으나 전투는 아직도 계속되고 있으며, 몇 번의 휴전 합의가 뒤따랐다. 전쟁에서 30만 명에 이르는 인명이 살해된 것으로 추정된다. 양측간의 전투는 민족 전쟁의 성격을 갖는다.[287] 인구 1,200만 명의 국가에서 350만 명 이상이 실향민으로 추방되었으며, 210만 명 이상이 내국 실향민이 되었고, 150만 명 이상이 케냐, 수단 그리고 우간다와 같은 인접 국가들로 피난하였다.[288]

5-5. 남미와 오스트레일리아 지역

5-5.1. 콜롬비아 분쟁

콜롬비아 공화국은 남아메리카에 있는 공화국이며 수도는 보고타이다. 1960년대부터 정부군과 좌익 반군, 우익 준군사조직이 오랫동안 무장 투쟁을 벌였다. 코카인 거래 때문에 1990년대에 이 싸움은 크게 확대되었다. 그러나 반군들이 군사력과 정부 전복에 대한 대중의 지지를 잃었으며, 최근에는 폭력 사태가 완화되고 있다. 콜롬비아의 살인율은 오랫동안 세계 최고치를 보였다가 2002년부터 절반으로 떨어지고 있다.[289]

콜롬비아 분쟁(스페인어: Conflicto en Colombia)은 1964년 또는 1966년부터 시작되어 현재까지 진행 중인 콜롬비아 정부, 준군사조직, 범죄조직, 좌익 유격대가 콜롬비아 영토 내에서 각자의 영향력을 확대시키기 위해 항쟁하는 저강도 비대칭 전쟁이다.[290] 콜롬비아 정부와 최대 반군조직 무장혁명군(FARC)이 새롭게 제출한 개정 평화협정안이 11월 30일(2016년) 하원에서 최종 통과됐다. 반세기 동안 이어진 남미 최대 내전이 종식됐다. AFP통신에 따르면 콜롬비아 하원은 이날 반대파의 보이콧 속에 개정 평화협정안을 찬성 130표 대 반대 0표 만장일치로 가결했다. 좌파 마르크스주의 성향의 반군 FARC와 정부는 1964년 내전을 시작했다. 지난한 내전 속에 26만 명 이상이 숨지고 6만 명이 실종됐다. 콜롬비아 평화협정 시도는 앞서 3명의 대통령

임기 때도 있었지만 모두 무위로 돌아갔다.[291]

5-5.2. 오스트레일리아

오스트레일리아 연방(Commonwealth of Australia), 줄여서 오스트레일리아(Australia)는 오세아니아에 속하는 나라로, 오스트레일리아 대륙 본토와 태즈메이니아 섬, 그리고 인도양과 태평양의 많은 섬으로 이루어져 있다. 1770년, 그레이트브리튼 왕국이 오스트레일리아의 동쪽 지역을 자신들의 영토로 삼았으며, 1788년 1월 26일부터 뉴사우스웨일스 주의 식민지로 죄인들을 수송해 정착시키기 시작하면서 이민이 시작되었다. 국가원수는 엘리자베스 2세 여왕을 대표하고 있는 오스트레일리아 총독이며, 입헌군주제 국가이다. 2,290만 정도의 오스트레일리아 인구는 대부분 동쪽 지역에 밀집되어 있다.[292]

오스트레일리아는 1960년대 이래로 테러 행위를 겪어 왔으며, 연방의회는 1970년대부터 특히 테러 행위를 표적으로 하는 법률을 제정하였다.[293] 호주 경찰은 12월 23일(2016년) 성탄절에 호주 제2 도시 멜버른의 번화가 곳곳에서 동시 다발적인 테러를 모의한 7명을 체포했다고 밝혔다.[294]

Ⅲ

갈등과 공존을 위한 협력

1. 갈등에 얽힌 지구촌

중동 지역의 대표적 이슬람 극단주의 무장단체 '이슬람국가'(IS)와 알카에다에 서아시아의 탈레반까지 '테러 경쟁'에 가세해 3월(2016년)의 한 달도 지구촌이 피로 물들었다. 이달 들어서만 세 단체나 연계 세력이 배후를 자처한 테러가 끊이지 않고 발생해 200명 이상의 목숨을 앗아갔다.[295] 발생 지역도 아시아, 유럽, 북미, 아프리카 등 4개 대륙을 넘나든 것으로 나타났다.

1-1. 테러와의 전쟁과 인종청소

1-1.1. 테러와의 전쟁

테러와의 전쟁(WoT), 또는 범지구적 테러와의 전쟁(GWOT)은 9·11 테러 이후 미국이 시작한 국제적 군사 전쟁을 언급하는 문학적 표현이다. 미국 대통령 조지 W. 부시가 2001년 9월 20일 테러와의 전쟁이라는 표현을 처음으로 언급했다.[296] 이것은 원래 알카에다나 보코하람, 캅카스 에미레이트, 탈레반 같은 이슬람 테러주의자들과 관련된 국가들에 집중되어 사용되었다. 2013년 미국 대통령 버락 오바마는 미국이 특별한 적보다는 전술에 집중해야 한다고 보아 테러와의 전쟁을 더 이상 추구하지 않는다고 선언했다.[297] 미 국무부는 6월2일(2016년) 의회에 제출한 '2015년 국가별 테러보고서'에서 이란과 수단, 시리아 등 3개국을 '테러지원국'(State Sponsors of Terrorism)으로 지정했다. 보고서에 따르면 2015년 한 해 동안 전 세계에서 테러로 숨진 사람이 2만 8천328명으로 2014년보다 14% 감소했고, 테러 행위 건수도 1만 1천774건으로 13% 감소했다.[298] 세계적인 테러 단체들을 소개하면 다음과 같다.

▌ 알카에다

알카에다(Al-Qaeda 아랍어: القاعدة 알카이다[ælqɑːˤɪdæ])는 사우디 아라비아 출신인 오사마 빈 라덴이 창시한, 무슬림에 의한 국제 무장 세력망이다. 소위 이슬람 원리주의 계통에 속해 반미국 반유대를 표방한다. 1990년대 이래 주로 미국을 표적으로 테러했다고 일컬어지며, 많은 사건을 대상으로 하여 스스로 그 실행을 인정하는 이 과격파 국제 테러 조직은 2001년 미국 동시다발 테러를 단행하여 미국과 친하거나 미국을 동경하는 세계를 크게 충격했는데 대테러전으로 수행된 같은 해의 영국의 아프가니스탄 침공에 의거해 그때까지 비호하던 아프가니스탄의 탈레반 정권이 타도되어 크게 타격 당했다.[299]

▌탈레반

탈레반(Taliban) 또는 탈리반(Taleban 파슈토어: ﻃﺎﻟﺒﺎﻥ, 다리어: ﻃﺎﻟﺒﺎﻥ)은 아프 간 남부를 중심으로 거주하는 파슈툰족에 바탕을 둔 부족단체에서 출발한 조직이다. 탈레반은 1990년대 중반 활동을 시작하였으며, 지 도자 무하마드 오마르를 중심으로 결속해 1997년 아프간 정권을 장 악했으며 이후 2001년 미국의 공격으로 축출되기까지 아프간을 통치 했다.300) 2001년 9월 11일 뉴욕 등지에서 테러 대참사가 벌어지자 미국은 곧바로 알카에다와 오사마 빈라덴을 범인으로 지목했으며, 그 해 11월 오사마 빈라덴을 색출한다며 아프간 전쟁을 시작했다. 탈레 반이 극단주의 때문에 안팎의 비난을 받긴 했으나, 남부 칸다하르를 중심으로 한 지역에서는 여전히 높은 지지를 받고 있는 것으로 알려 졌다.301)

▌이슬람 국가(단체)

이슬람 국가(영어: Islamic State, IS, ISIL)는 이라크 및 시리아 일부 지역 을 점령하고 있는 국가를 자처한 극단적인 수니파 이슬람 근본주의 무장단체이다. 2014년 6월 현 이름으로 조직명을 변경하며 제정일치 (祭政一致)의 칼리파 국가 선포를 주장했으며, 이라크·레반트 이슬람 국가(ISIL), 이라크·시리아 이슬람 국가(The Islamic State of Iraq and Syria, ISIS), 다에시 등으로도 불리고 있다. 스스로를 "국가"라고 자처하고 있지만, 유엔에서는 국제법에 위배되는 극단적인 테러리즘의 성향으 로 인하여 이를 국가로 인정하지 않고 있으며,302) 이슬람 국가를 변

경 전 명칭인 다에시(영어: Daesh)로 부르고 있다.303)

이슬람 국가(IS)의 테러 : 5월 2일(2016년) 국제 군사정보업체 IHS 제인스 테러·반란센터(JTIC) 집계에 따르면 IS가 2016년 1분기 시리아와 이라크에서 저지른 공격은 모두 891건에 이른다. 이는 IS가 이라크 모술을 장악하고 '국가'를 선포한 2014년 이래로 가장 많고, 작년 4분기보다 16.7% 증가한 것이다. IS는 이라크와 시리아뿐 아니라 리비아, 북캅카스 등지에서도 테러 공격을 늘렸다. 수니파 급진 무장 세력 이슬람국가(IS)의 직간접적 테러로 이라크·시리아 외부에서 숨진 희생자는 지난 2년간 1,200명에 달한다.304)

■ 보코 하람

전도와 지하드를 위해 선지자의 가르침에 헌신하는 사람들, 속칭 보코 하람(Boko Haram)은 2001년 결성된 나이지리아의 이슬람 무장단체이다. 보코는 하우사어로 서양식 비(非) 이슬람 교육을 의미하고 하람은 아랍어로 죄, 금기라는 의미로, 보코 하람은 서양 교육은 죄악이라는 뜻이 된다. 나이지리아 북부의 완전한 이슬람 국가로서의 독립과 북부 각 주(州)에 샤리아(이슬람교의 율법 및 규범 체계) 도입을 목표로 무장 테러를 전개하고 있으며 나이지리아의 탈레반이라는 별명을 가지고 있다. 현재 서수단국이라고 하여 국가를 참칭하고 있으며, ISIS는 보코 하람을 그들의 행정 구역으로 보고 있다.305) 따라서 이슬람 국가 서아프리카 지부(Islamic State's West Africa Province; ISWAP)라고도 한다. 2014년 5월 22일 유엔 안전 보장 이사회는 보코하람을 알 카에다와 연계된 테러단체로 규정했다.[306]

■ 캅카스 에미레이트

캅카스 에미레이트(영어: Caucasus Emirate)는 러시아 체첸 공화국의 독립을 주장하는 무장 단체로 이츠케리야 체첸 공화국의 후계 조직이다. 2007년 10월 31일 이치케리야 체첸 공화국의 대통령이었던 도쿠 우마로프가 아미르를 칭하였고, 그가 이 나라를 세우고 조직을 이끌었으나, 2013년 러시아군에 의해 사살됨으로써, 이치케리야 체첸 공화국은 멸망하였다. 이 나라의 영역은 구 이치케리야 체첸 공화국의 영토이며, 북캅카스 일대를 자신들의 땅이라 주장하였다. 2009년에 있었던 네프스키 열차 폭발 사건, 2010년 모스크바 지하철 폭탄 테러, 2011년 도모데도보 국제공항 테러를 일으키기도 했다.[307]

■ 제3차 세계 대전

전쟁은 통상적으로 사회기반시설과 생태계의 중대한 악화, 사회적 지출의 감소, 기근, 교전지대로부터의 대규모 이민과 흔히 전쟁 포로 혹은 민간인들에 대한 학대(혹사) 등을 초래한다.[308] 미국의 43대 대통령 조지 W. 부시(George Walker Bush 2001년~2009년)는 "테러와의 전쟁"은 세계 3차 대전이라고 주장하였는데, 9·11사태가 미국을 테러와의 싸움에 말려들게 한 '진주만'이 되었다고 주장하기도 하였다. 한편, 제3차 세계 대전은 대부분의 세계 시민들에게는 가정의 영역으로 남아있다.309) 2015년 2월 1일, 이라크의 수상은 이라크-레반트 이슬람 국가(ISIL)와의 전쟁은 그들이 범세계적인 칼리프(회교국가 국왕) 국가를 선언하였기 때문에 "세계 3차 대전"으로 보는 것이라고 선언하였다.310)

1-1.2. 인종청소

남수단의 인종청소 : 유엔인권위원회(UNCHR)가 사실상 내전 중인 남수단의 현장 방문을 마치고 나서 남수단 내분이 '인종청소' 수준의 폭력으로 바뀌고 있다고 경고했다(2016년 12월 1일). 12월 2일 BBC에 따르면 UNHCR는 열흘간 방문 조사를 마치고 내놓은 성명에서 "지난 1994년 르완다에서 빚어진 일이 반복될 무대가 마련되고 있다"고 우려했다. 르완다 인종학살은 석 달 동안 대부분 투치족 80만 명이 학살당한 사건으로 옛 유고 내전 때 처음 나왔던 인종청소가 재연됐다고도 불렸다. UNCHR는 2016년 초 3명의 위원으로 구성된 현장 방문 조사에서 주민을 집단적으로 굶주림에 몰아넣는 행위, 마을소각, 성폭행 자행이 전쟁무기로 악용되고 있다는 사실을 목격했다고 말했다.311)

로힝야족 '인종청소': 말레이시아 외무부는 성명(2016년 12월 3일)을 통해 오는 4일 나집 라작 총리가 참석할 예정인 이슬람교도들의 로힝야족 연대 행진을 허용했다면서, 이는 로힝야족의 인권 문제이기 때문이라고 밝혔다. 성명은 "말레이시아 내 로힝야족은 유엔난민기구 깃발 아래 이웃 국가에 사는 수십만 명의 형제들과 연대, 이 문제를 (미얀마의)국내 문제가 아닌 국제적 이슈로 확산시킬 것"이라며 "특정 인종집단이 내몰리는 것은 인종청소"라고 덧붙였다. 미얀마 서부 라카인주에서는 지난 11월부터 미얀마 정부군이 로힝야족 거주지역을 봉쇄한 채 한 달 넘게 무장세력 토벌작전을 벌이고 있다. 이 과정에서 군인들이 로힝야족 민간인을 학살하고 성폭행과 방화 등을 일삼으면서 '인종청소'에 나섰다는 논란이 불거졌다. 유엔은 로힝야족 민간인 1만 명가량이 안전지대를 찾아 방글라데시로 피신한 것으로 추정하고 있다.[312]

지구촌에서 국가에 의한 집단학살 위험이 10년 만에 증가세로 돌아섰다는 감시단체의 분석이 나왔다. 영국 일간 인디펜던트에 따르면 집단학살을 감시하는 비정부기구(NGO)인 '조기경보 프로젝트(Early Warning Project)'는 4월 12일(2017년) 이런 내용을 담은 2016년 보고서를 발간했다. 내전에 시달리고 있는 수단과 예멘이 집단학살의 위험이 가장 큰 국가로 평가됐다. 소수민족 로힝야에 대한 박해가 되풀이되는 미얀마, 극단주의 세력의 반란이 계속되는 나이지리아, 내전 중인 아프가니스탄이 그 뒤를 따랐다. 이 위험을 측정하는 데는 폭력에 대한 정권의 자세, 정치적 안정과 같은 체제 불량도, 쿠데타나 내전 가능성 등 엘리트의 위협, 그 외 여러 전조 등이 반영된다.[313]

1-2. 신냉전

2008년 조지아-오세티야 충돌로 미-러 관계는 다시 악화되어 과거 냉전과 같은 상태로 돌입함으로써 세계는 신냉전에 들어섰다는 견해가 있어 왔다. 그러나 2009년에 미국에서 출범한 버락 오바마 정권은 미국과 러시아 간 최대 현안이 되어 있던 동유럽 미사일 방위 구상의 중지를 결정하고, 양국의 긴장 관계를 크게 완화시켰다. 이것도 한편으로는 냉전 시대의 데탕트와 같은 것이다. 하지만 완화됐던 관계는 2014년 2월 러시아가 우크라이나의 크림반도를 침공 합병함으로써 러시아와 미국을 위시한 서방 세계와의 관계가 다시 냉각됨으로써 새로운 냉전체제(신냉전체제)로 돌아갈 조짐을 보이고 있다. [314) 2014년 TIME지와의 인터뷰에서 러시아의 고르바초프는 미국이 러시아를 신냉전으로 끌어들이고 있다고 주장하였다.[315) 드미트리 메드베데프 러시아 총리가 세계가 신냉전 시대에 진입했다고 말했다. 그는 2월 13일(2016년) 뮌헨 국제안보회의에 참석해 이같이 밝혔다고 AFP통신이 보도했다.[316)

1-2.1. 군사행동 확대

서방의 군사동맹체인 북대서양조약기구(NATO · 나토)가 발트해 지역과 동유럽에서의 군사행동을 확대하면서 러시아와의 갈등이 격화되고 있다. 잇따른 군사력 증강과 대규모 훈련이 무력충돌로 이어질 가능성이 소비에트연방(소련)이 해체된 1991년 이후 가장 높아졌다는 지적이 나오고 있다. 중국 신화통신은 5월 5일(2016년) 러시아가 나토의 발트해·동유럽 지역 군사력 증강에 대응해 3개 사단(각각 1만 명 정도)을 새로 창설한다고 보도했다. 한편, 나토는 지난해 6월 회원국 국방장관회의에서 신속대응군 규모를 1만 3,000명에서 4만 명으로 늘렸다. 또, 내년(2017년) 2월 동유럽에 미국은 기갑여단을 별도로 파병할 계획이 있다. 이와 같은 갈등의 근원에는 '나토의 동진(東進)'이 자리 잡고 있다. 90년대 이후 구소련 중심 군사동맹체 바르샤바조약기구에서 탈퇴한 동유럽 국가와 새로 독립한 발트해 연안국이 나토에 가입한 게 계기가 되었다. 더욱이, 2014년 우크라이나 사태는 러시아와 나토 관계의 전환점이 되기도 했다. 최근 나토가 강경하게 대응하는 데는 러시아의 시리아 내전 개입도 연관이 있다.[317]

나토(북대서양조약기구)와 러시아 간에 긴장이 고조되는 가운데 미국이 6천여 명가량의 육군 병력을 유럽에 파견하기로 했다고 발표했다(2016년 11월 3일 미 육군). 미국을 주축으로 한 나토와 러시아는 크림반도 강제 병합과 시리아 내전 해법을 둘러싼 첨예한 갈등 등으로 '신(新) 냉전 상태로 돌입했다.[318]

도널드 트럼프 미국 대통령 당선인이 12월 22일(2016년) 미국의 핵 능력을 대폭 강화·확장하겠다고 밝혔다. 미국과 더불어 양대 핵 강국인 러시아의 푸틴 대통령이 핵 전투력 강화 방침을 밝히자 곧장 맞불을 놓은 것이다.[319]

1-2.2. 해킹

미국 정부는 러시아의 미 대선 해킹 개입 의혹과 관련해, 외교관 35명의 추방을 비롯한 전례 없는 고강도 대응 조처를 단행했다. 러시아도 이에 맞서 보복 의사를 밝혀, 양국 간 긴장이 최고조로 치솟고 있다. 오바마 미국 대통령은 12월 29일(2016년 현지시각) 러시아 외교관 35명에 대해 외교상 기피인물을 뜻하는 "페르소나 논 그라타 (Persona non grata)"를 선언했다. 이들은 가족과 함께 72시간 안에 미국을 떠나야 하는, 강력한 외교적 조처다. 미 언론들은 이들이 외교관 신분을 가장해 스파이 활동을 했다고 보도했다. 미국 정부는 또 뉴욕과 메릴랜드주에 위치한 러시아 정부 소유의 시설 2곳도 폐쇄시켰다. 이와 함께 미 재무부는 이날 해킹 배후로 지목된 러시아군 총정보국과 러시아연방보안국(FSB) 등 러시아 정보기관 2곳, 해킹 지원 활동에 연루된 특별기술센터 등 기업 3곳을 제재 대상으로 지정했다. 이들은 미국 내 자산이 동결되고 미국으로의 여행도 금지된다.[320] 미국 정부가 자국 대통령 선거에 '해킹을 통해 개입했다'며 러시아 외교관 35명 추방 등 고강도제재를 취한 데 대해 블라디미르 푸틴 러시아 대통령은 12월 30일(2016년) 대응 조치를 취하지 않겠다고 밝혔다.[321]

2. 다국간의 협력

2-1. 기후변화협약

기후변화에 관한 국제연합 기본협약(UNFCCC)은 1992년 6월 3일부터 14일까지 리우데자네이루(Rio de Janeiro)에서 있은 지구 서밋(유엔 환경 개발 회의(UNCED))에서 협의되었고 1994년 3월 21일에 발효된 바 있는 국제적인 환경 조약이다. UNFCCC의 목적은 "대기 중의 온실가스의 상승으로 인한 기후 체계에 위험이 되는 인위적 간섭을 예방할 수 있는 수준에서 고정시키고"하는 것이다.[322]

이 기본 협약(framework)은 개별 국가에 온실가스 배출에 관한 구속력있는 제한을 두고 있지는 않으며 또 어떠한 시행 기구를 갖지는 않는다.[323] 대신 협약은 시행령에 해당하는 의정서(protocol)를 통해 의무적인 배출량 제한을 규정하고 있다. 이에 대한 주요 내용을 정의한 것이 교토 의정서이다.[324][325]

UNFCCC는 2015년 12월 현재 197개 회원국으로 구성되어 있다. 협정의 당사자들은 기후 변화의 진척 사항을 평가하기 위하여 1995년부터 매년 기후 변화에 관한 유엔 기본 협약 당사국 총회(COP

Conferences of the Parties)를 개최해 오고 있다. 1997년, 교토 의정서 (Kyoto Protocol 1997)가 제정되었으며 또 2008-2012년 기간 중 선진 공업국들 간의 온실가스 배출을 줄이기 위하여 법적으로 구속력 있는 의무사항을 설정하였다. 2010년 칸쿤 협약(Cancún agreements 2010)은 미래의 지구 온난화는 산업화 이전 수준에 비례하여 2.0 ℃ (3.6 ℉) 이하로 제한해야 한다고 규정하고 있다. 2015년 파리 협정(Paris Agreement 2015)이 채택되었고, 참여 국가가 결정한 기여 약속을 통하여 2020년부터 이후의 배출량의 감축을 관리한다.[326]

2-1.1. 협약 관련 사항

2015 유엔 기후변화협약, COP 21 또는 CMP 11이 2015년 11월 30일부터 12월 12일까지 프랑스 파리에서 개최되었다. 이 회의는 기후 변화에 관한 유엔 기본 협약(The United Nations Framework Convention on Climate Change. 약칭 유엔기후변화협약/ 기후변화협약/ UNFCCC/ FCCC)의 21년 차 파리회의 연차 총회였으며, 또 1997년 교토 의정서의 11차 당사국 회의였다.[327] 유엔 기후변화협약 당사국총회(COP21) 폐막일인 12월 12일에 2020년 이후 새로운 기후변화 체제 수립을 위한 최종 합의문이 마련됐다.[328] 총회 의장인 로랑 파비위스 프랑스 외무장관은 이날 회의장인 파리 인근 르부르제 전시장에서 한 연설에서 "합의문이 채택된다면 역사적 전환점이 될 것"이라면서 새 기후변화 체제의 장기 목표로 지구 평균온도의 산업화 이전 대비 상승폭을 섭씨

2℃보다 훨씬 작게 제한하며 섭씨 1.5℃까지 제한하기로 노력하기로 했다고 밝혔다. 또 합의문에서는 2020년부터 선진국이 개발도상국 등 가난한 국가의 기후변화 대처를 돕도록 매년 1천억 달러(약 118조 1천500억 원)를 지원하기로 했다.329)

국제사회는 12월 12일 프랑스 파리에서 열린 '제21차 기후변화협약 당사국총회(COP21)'에서 신 기후 체제 합의문인 파리협정(Paris Agreement)을 채택했다. 온실가스 감축과 연관이 높은 대표적 업종은 자동차, 에너지, 화학업종 등이다. 태양광 등 신재생에너지 시장은 더욱 활성화될 전망이다. 한국정부는 지난 6월 30일(2016년) 2030년까지 온실가스 배출량을 배출전망(BAU) 대비 37% 감축하기로 결정했다.330) 지구 온난화를 막기 위한 신(新) 기후변화 체제로 2015년 말 합의된 파리 기후변화협정이 195개 당사국의 서명 절차에 들어갔다. 55개 이상 국가가 비준하고, 비준국의 국제기준 온실가스 배출량 총합 비중이 전 세계 온실가스 배출량의 55% 이상이 되면 협정이 발효된다.331)

2015년 프랑스 파리에서 체결된 기후변화협정이 주요국 의회의 비준에 따라 내달(2016년 11월) 발효된다. 유엔 기후변화협약(UNFCCC)은 10월 5일(2016년) 공식 홈페이지에 "73개국이 파리기후변화협정을 비준했다"면서 "30일 이내에 발효될 것"이라고 밝혔다. 이날 자로 발효를 위한 조건을 갖춤에 따라 파리 기후변화협정은 11월 4일(2016년)부터 공식적으로 효력을 지니게 됐다. UNFCCC에 따르면 협정에 참여한 195개국 가운데 비준을 마친 곳은 73개국, 이들 국가가 지구 전체의 온실가스 배출량 중 책임지는 부분은 56.87%로 집계됐다.[332]

새로운 기후변화 체제 수립을 목표로 선진국과 개발도상국이 온실가스 감축 의무를 함께 이행하는 파리협정이 11월 4일(2016년) 공식 발효했다. 이전 기후변화협정이었던 교토의정서가 선진국에만 구속력을 가졌던 것과 달리 파리협정은 195개 당사국이 모두 의무적으로 준수해야 한다. 전 세계 온실가스 배출량의 55%를 책임지는 최소 55개국이 비준해야 발효한다는 요건을 두고 체결된 협정은 지난 10월 5일(2016년) 이 요건이 충족됐으며 현재 90여 개국이 비준했다. 협정 당사국들은 오는 7일(2016년 11월)부터 모로코 마라케시에서 열리는 '제22차 유엔기후변화협약 당사국 총회'(COP22)에서 파리협정의 세부 이행사항을 논의하게 된다. 한국은 '비준서 기탁 후 30일경과' 규정에 따라 다음 달 12월 3일부터 협정이 적용된다. 한국은 파리 협정 비준과 별도로 작년 6월 국제사회에 2030년까지 배출전망치 대비 온실가스 배출을 37% 감축하겠다고 약속한 바 있다.[333]

미국의 트럼프 대통령은 3월 28일(2017년) 전임 버락 오바마 대통령이 추진했던 이산화탄소 배출량 규제 폐지를 포함한 행정명령에 서명했다. 미국은 195개국이 서명한 파리기후변화협약을 주도한 국가 중 하나일 뿐만 아니라 온실가스 배출규모 세계 2위이다. 트럼프 대통령이 이번에 서명한 행정명령에 6개가 넘는 환경규제를 철폐하면서 파리협약에서 약속한 배출량 감소 목표치를 지키는 것은 사실상 불가능하다. 따라서 협약 탈퇴가 불가피해 보인다. 트럼프 행정부 측은 협약 참여 유지 여부를 여전히 논의 중이라고만 밝혔다.[334]

도널드 트럼프 미국 대통령이 6월 1일(2017년) 미국의 파리기후변화협정 탈퇴를 공식으로 발표했다. 이로써 미국은 버락 오바마 전 대통령이 지난해 9월 비준한 지 9개월 만에 파리기후협정을 백지화했다. 세계 2위 탄소 배출국인 미국의 탈퇴 선언으로 파리협정은 사실상 존폐의 갈림길에 서게 됐다. 트럼프 대통령은 이날 백악관 로즈가든에서 기자회견을 열고 "오늘부터 미국은 파리협정의 전면적인 이행을 중단한다"며 파리협정 탈퇴를 직접 발표했다. 그는 "파리협정은 미국에 불이익을 가져다 준다"며 "나는 미국 국민을 보호할 책무를 수행할 의무가 있다"고 주장했다. 그는 "파리협정이 중국과 인도에 엄격하지 않다"며 미국에 '나쁜 협정'이라고 주장하는 등 미국 우선주의 기조를 거듭 부각했다. 미국이 파리협정 탈퇴 절차를 밟는 데는 앞으로 3~4년이 걸린다고 미 언론은 전했다. 미국은 오바마 정부 시절 녹색기후펀드에 30억 달러 출연을 약속했으나, 협정 탈퇴로 기금 출연 약속도 파기할 것으로 보인다. 미국은 시리아, 니카라과에 이어 이 협약에 불참하는 세 번째 나라가 됐다.[335]

2-1.2. 기후 변화

지구촌이 기상이변으로 몸살을 앓고 있다. 인도, 중국 등 아시아에선 폭염과 폭우로 수많은 사상자가 났으며 미국에선 때아닌 5월(2016년) 폭설이 내렸다. 아시아 국가 가운데 인도에는 사상 최악의 폭염과 가뭄이 이어지고 있다. 인도 매체 '힌두스탄타임스'는 "폭염으로 4월부터 5월 22일 현재까지 인도 전역에서 400여 명이 사망했다"고 보도했다. 미국 월스트리트저널(WSJ)은 "동남아에서는 60년 만에 최악의 물 부족 때문에 자연재해뿐만 아니라 유혈사태까지 불거지고 있다"고 전했다. 태평양 서쪽에 위치한 동남아시아 국가들은 엘니뇨의 여파로 올해 사상 최악의 무더위와 가뭄 속에 건기를 보내고 있다. 태국과 베트남 등 주요 쌀 생산국의 심각한 가뭄은 쌀 작황의 악화를 유발했다. 한편, 지난 5월 19일부터 내리기 시작한 비로 중국 광둥(廣東)성 마오밍(茂名)시에서는 전날까지 8명이 사망하고 4명이 실종됐다. 폭우로 집을 잃은 이재민 수만 55만 명에 달했다. 영국 가디언이 보도한 바에 따르면, 스리랑카에서는 많은 비로 약해진 지반이 무너지면서 생긴 산사태로 사람들이 15m가 넘는 흙더미에 깔려, 최소 73명이 숨졌다고 보도했다.336)

2015년 지구를 강타한 최강의 엘니뇨(El Niño · 적도 부근 해수면의 기온이 상승하는 현상)가 마침내 종료됐다. 미국 국립해양대기청(NOAA)은 6월 9일(2016년) 엘니뇨 현상이 끝났으며 동태평양의 해수면 온도가 정상 수준으로 복구됐다고 밝혔다. 앞서 호주 기상청도 지난 5월 24일 17개월에 걸친 엘니뇨 현상이 종료됐다고 밝혔다. 약 20년 만에 발생한 가장 강력한 이번 엘니뇨로 인해 지난 한해 지구의 온도는 사상 가장 높았던 것으로 기록됐다. 그러나 엘니뇨와 정반대 효과를 내는 '라니냐(La Niña)'가 올 가을 강타할 것으로 예상된다. 라니냐는 이르면 9월 말 찾아올 것으로 보인다.[337]

2-1.3. 지구 온난화

지구 온난화(Global warming)는 19세기 후반부터 시작된 전 세계적인 바다와 지표 부근 공기의 기온 상승을 의미한다. 20세기 초부터, 지구 표면의 평균 온도는 1980년에 비해 약 3분의 2가 증가한 0.8°C 정도 기온이 상승했다.[338] 기후 온난화의 원인에 대해서는 대부분의 과학자들은 90% 이상의 온실 기체 농도의 증가와 화석 연료의 사용과 같은 인간의 활동에 의해 발생한 것으로 추측하고 이러한 연구 결과는 모든 주요 산업 국가의 과학 연구 센터에서 인정받고 있다.[339]

지구 온난화 여파로 무려 10만 년 만의 처음으로 얼음이 없는 북극해가 나타날 것이라는 주장이 제기됐다. 6월 4일(2016년) 영국의 인디펜던트에 따르면 케임브리지 대학에서 극지 해양 물리학을 연구하는 피터 와덤스 교수는 미국 국립빙설자료센터(NSIDC)가 제작한 위성 자료를 토대로 이같이 예측했다. 와덤스 교수는 북극해 얼음 면적이 줄어드는 원인으로 온실효과로 인한 극 지역의 급격한 온난화가 주된 원인이라고 보고 있다.[340]

2015년 해수면 높이, 지구 평균 기온, 온실가스 모두 관측 사상 최고치를 기록했다. AFP통신에 따르면 미국해양대기관리국(NOAA)은 8월 2일(2016년) 300페이지 분량의 '국가기후보고서'에서 이같이 밝혔다. 이 보고서는 전 세계 450명의 과학자들이 모여 1년에 한 번씩 발표하는 '지구 건강 보고서'다. 보고서는 지구온난화로 인해 평균 기온이 상승했으며 엘니뇨 등 해수 온도까지 상승하면서 상황이 악화됐다고 설명했다. 전문가들은 "빙하가 녹으면서 수십 년 내에 해수면 상승 속도는 더욱 빨라질 것"이라며 "바닷가에 살고 있는 전 세계 수백만 개의 생명체가 바닷물에 잠길 수 있다"고 경고했다.[341]

2-1.4. 해수면 상승

기후변화에 따른 해수면 상승의 영향으로 남태평양에 있는 섬나라인 솔로몬 제도의 섬 5개가 사라졌다는 연구 결과가 나왔다고 5월 10일(2016년) 미국 워싱턴포스트(WP) 등이 보도했다. 보도에 따르면 퀸즐랜드대 등 호주 연구진은 최근 수십 년에 걸쳐 일어난 솔로몬 제도 해수면 높이와 해안선 변화 추세를 조사해 이같이 결론 내리고 해당 내용을 영국 물리학연구소(IOP)가 발행하는 학술지 '환경연구서'(ERL)에 발표했다. 연구진은 항공·위성사진과 현지 식물 연대 측정, 주민 증언 등을 토대로 1947년부터 2014년까지 67년간 솔로몬 제도 내 섬 33곳의 해수면 및 해안선 변화를 추적했다. 그 결과 조사대상 섬 가운데 5곳이 바닷물 속으로 완전히 잠겨 사라진 사실을 확인했다.[342]

기후변화 때문에 이스터 섬의 모아이 석상이 쓰러질 위험에 처했다는 유엔의 연구 보고서가 나왔다. 5월 28일(2016년) 미국 CNN 방송에 따르면 유네스코와 유엔환경계획(UNEP) 등은 최근 발표한 '기후변화 속 세계 유산과 관광' 보고서에서 지구 온난화로 높아진 파도가 모아이 석상이 서 있는 기반을 서서히 깎아낼 수 있다고 분석했다. 남태평양에 있는 칠레령 이스터섬(라파누이)에는 사람의 얼굴 모양을 한 커다란 석상이 한 방향을 바라보며 섬 곳곳에 흩어져 있다. 누가 어떤 방식으로 이 석상을 만들었는지는 여전히 미스터리로 남아 있다.343)

충격적인(staggering) 속도의 바다 온도 상승이 해양 생물의 행태 변화와 어업 지역 축소, 질병 확산 등을 유발하며 인간에 대한 가장 큰 위협으로 떠오르고 있다는 지적이 나왔다.

세계자연보전연맹(International Union for Conservation of Nature, IUCN)은 지난 10년간 과학자 80명의 연구가 포함된 보고서인 '해양 온난화 설명(Explaining ocean warming)'에서 바다 온도의 급상승이 "우리 세대에 가장 크지만 숨겨진 도전"이라고 지적했다. 바다 온도의 급상승은 해양 생물들의 구성을 바꾸고 어업 영역을 축소하고 있으며 인간에게 질병을 퍼뜨리기 시작했다고 이 보고서는 전했다. 영국 일간 가디언(The Guardian)은 이 방대한 보고서가 지금까지의 해양온난화에 대한 분석 중 가장 광범위한 것이라고 보도했다(2016년 9월 6일).

바다 온난화는 이미 물고기와 바닷새들, 바다거북과 해파리 등이

행동방식과 거주지를 바꾸고 있다. 바다 생물들은 적도로부터 떨어져 좀 더 시원한 극지방들로 움직이고 있으며 그 속도가 육지 생물보다 5배는 빠르다고 보고서는 밝혔다. 북대서양에서는 정어리와 앤초비 (작은 멸치 종류), 고등어와 청어 같은 어류가 적당한 수온을 찾아 2050년까지 10년에 30km씩 북쪽으로 이동할 것으로 전망되며 이미 그런 움직임이 기록되고 있다.

바다 온도 상승은 식물성 플랑크톤과 동물성 플랑크톤, 크릴새우와 같은 생명군들에게 가장 큰 영향을 주고 있다. 개체 수와 재생산에서의 변화는 상위 먹이 사슬에 영향을 줘 특정 어류는 서식 지역에서 밀려나거나 새로운 공격자들에 의해 줄어든다. 이미 550종 이상의 바닷물고기와 무척추동물이 생존을 위협받고 있으며 바다 온도 상승이 멸종을 가속화할 것이라고 보고서는 밝혔다. 인간 역시 바다가 계속 뜨거워지면서 질병 확산으로 고통받고 있다. IUCN 보고서는 이런 해양온난화에 대처하기 위해서는 해양 보호 구역을 확대하고 무엇보다 대기 속으로 쏟아지는 온실가스의 양을 줄여야 한다고 강조했다.[344]

2-1.5. 대기 오염

유엔 산하 세계보건기구(WHO)는 5월 12일(2016년) 대기오염 데이터베이스 발표를 통해 도시 거주민 중 80% 이상이 오염된 공기에 노출돼 있다고 밝혔다(AFP통신). 후진국이나 개발도상국 등의 경우 특히 심각해 거의 모든 도시(약 98%)의 대기 질이 WHO 기준을 밑돌았다. 선진국의 경우 그나마 상황이 나았지만 그래도 56%가 호흡에 부적절한 것으로 나타났다. WHO는 지난 2008년부터 2015년 사이 수집된 103개국 2,977개 도시의 실외 대기 질 자료를 분석해 황산염과 초미세먼지의 일종인 블랙카본 등의 함유량을 비교했다. 그 결과 유럽과 북미 등 선진국의 경우 대기 질이 다소 개선되고 있는 것으로 나타났으나 중동과 동남아시아 등 개발도상국과 후진국은 계속 악화되고 있는 것으로 나타났다. WHO는 전 세계 평균적으로 도시의 대기 질은 악화되고 있으며 그로 인해 폐암, 뇌졸중과 천식 등의 질병 발생 위험이 높아졌다면서 대기오염으로 인해 1년에 약 300만 명이 조기 사망하는 것으로 추산된다고 밝혔다.[345]

지난 2015년 한 해 전 세계에서 대기오염 물질에 노출돼 조기 사망한 인구가 약 420만 명으로 늘면서, 대기오염이 사망 원인 5위에 오른 것으로 분석됐다. 미국 비영리 민간 환경보건단체 '보건영향연구소'는 연례 보고서에서, 1990년 약 347만 명이던 대기오염 사망자 수가 25년 사이에 21% 늘어, 대기오염이 고혈압과 흡연 등에 이어 사망 원인 5위가 됐다고 밝혔다.[346]

지구촌 곳곳이 미세먼지를 앞세운 대기오염과 힘겨운 싸움을 이어가고 있다. 최근 들어 가장 악명이 높은 곳은 인도의 수도 뉴델리다. 세계보건기구(WHO)에 따르면 2012년 인도에서 호흡기 질환으로 사망한 사람은 인구 10만 명당 159명으로 세계 최고치를 기록했다. 지구촌에서 인도와 마찬가지로 최고 수위의 대기오염에 노출된 곳은 중국이다. 지난 11월 3일(2016년)부터 이날(11월 6일)까지 나흘 연속으로 수도 베이징을 비롯한 여러 지역에서 오렌지색(2급) 스모그 경보가 발령됐다.

대기오염은 성장 기회를 잡지 못하고 여전히 저개발국으로 남아있는 아프리카 다수 국가에도 심각한 문제다. 경제협력개발기구(OECD)의 10월 보고서에 따르면 아프리카에서 대기오염은 오염된 물이나 성장기 영양실조를 제치고 가장 큰 조기사망 원인으로 나타났다. 이 지역에서 나쁜 공기 때문에 죽는 이들은 한 해 71만 2천 명으로, 이로 인한 경제적 손실은 4천470억 달러(약 510조 원)에 달하는 것으로 추산됐다. WHO(세계보건기구)에 따르면 한 해 대기오염 때문에 사망하는 사람은 전 세계 사망자의 12%에 해당하는 700만 명에 육박한다.[347]

2-2. 난민 사태와 글로벌 협력

2-2.1. 개요

유럽의 이민자 위기(European migrant crisis)[348] 또는 유럽의 난민 위기(European refugee crisis)[349]는 지중해를 건너거나 혹은 남동 유럽을 통하여 비자 없이 육상으로 여행하여 유럽 연합(EU)에 도착하는 난민들의 숫자가 급증하던 2015년에 시작하였다. 이들은 난민 지위를 신청하기 위한 피난처 추구자와 진위에 따라 개인별로 청구가 가능한 비호권(庇護權) 희망자들, 그리고 경제적 이민자와 "이슬람 국가의 병사들"을 포함하는 소수의 적군 병사들과 같은 다양한 사람들을 포함한다.350)

비인가된 외국의 이민자들은 대부분 서아시아, 남아시아와 아프리카를 포함하는 유럽의 남쪽과 동쪽 지역의 무슬림 다수 국가들로부터 들어왔다.351)

널리 받아들여지는 유럽의 정의:

■ 지리적 유럽

■ 문화적 유럽   ▨ 유럽 국가의 아시아 부분

(W 유럽–위키백과)

종교별로 보면, 입국자들의 다수가 무슬림(통상 수니 무슬림)이었으며, 소수가 비–무슬림(야지디, 아시리아인, 만다야교인 등)이었다. 유엔 난민고등판무관 사무소(UNHCR)에 따르면, 2015년 1월부터 2016년 3월 간에 지중해를 건넌 1백만 명 이상의 난민 중에서 상위 3개 국적의 입국자들은 시리아인(46.7%), 아프간인(20.9%)와 이라크인(9.4%) 등의 순위였다.[352]

2-2.2. 탈출 경로

UNHCR(유엔난민기구)와 국제이주기구(IOM)에 따르면 2016년 지중해를 거쳐 유럽으로 들어온 난민은 35만 8천여 명에 이른다. 지난해: 100만 7천492명이 들어온 것과 비교하면 크게 줄었지만, 희생자는 오히려 늘었다. 난민들의 출신국은 주로 나이지리아, 기니, 에리트레아, 코트디부아르 등이다.[353] 이라크 난민 48명을 싣고 헝가리로 들어가려던 트럭이 루마니아-불가리아 국경에서 적발됐다고 DPA 통신이 1월 1일(2017년) 전했다. 난민의 주요 육상 이동 경로였던 발칸 루트가 지난해 3월 공식적으로는 폐쇄됐지만, 트럭을 이용한 불법 밀입국은 계속되고 있다.[354]

2016년 해로를 통해 유럽으로 입국한 난민의 수가 전년 대비 3분의 1가량 감소한 것으로 나타났다. AFP통신에 따르면 유럽연합(EU) 국경국 프론텍스는 1월 6일(2017년) 유럽으로 이어지는 2개 주요 해로를 통해 입국한 난민은 지난해 3분의 2 수준으로 줄어든 36만 4,000명을 기록했다고 밝혔다. 지난해 3월 발효된 EU-터키간 난민 송환 합의에 따른 결과로 보인다. 또한, 지난해 그리스 에게해 군도에 입국한 난민은 전년과 비교해 79% 감소한 18만 2,500명으로 기록됐다. 아프리카에서 지중해 중부를 통해 이탈리아에 들어온 난민은 2015년에 비해 약 20% 늘어난 18만 1,000명이었다. 프론텍스(Frontex)는 이탈리아에 입국한 난민 대다수는 나이지리아, 에리트레아, 기니 출신이라고 전했다.[355]

혼란스럽고, 때론 생명을 위협당하는 상황에서 탈출해 유럽으로 가는 배를 타려던 아프리카 난민들을 기다린 것은 사람을 사고파는 '노예시장'이었다. 국제이주기구(IOM)는 4월 11일(2017년) 북아프리카 리비아와 니제르에서 벌어지는 이주자 납치와 인신매매의 현실을 피해자 증언을 바탕으로 공개했다. 유럽으로 가는 배를 타려다 납치된 34살의 세네갈인 남성은 몇 달이나 인신매매 시장을 떠돌다 거액의 몸값을 지불하고 최근에야 집에 돌아올 수 있었다. 세네갈인 남성이 끌려간 첫 번째 '감옥'에는 100명이 넘게 잡혀 있었다. 납치범들은 가족에게 전화하도록 해 몸값을 요구했다. 몸값을 지불할 수 없는 몇몇은 살해되거나 굶어 죽었다. 인질이 죽거나 몸값을 지불해 풀려나면 납치범들은 또 다른 인질을 노예시장에서 사 왔다. 여성들은 '성노예'로 팔리기도 했다. 국제이주기구 대변인(레오나드 도일)은 "유럽으로 건너가려고 리비아로 가는 이주민들은 국경 너머에서 그들을 기다리는 고통을 잘 모른다. 그들은 상품이 돼서 팔리며, 가치가 없으면 폐기된다."고 경고했다.[356]

2-2.3. 난민 정착

미국의 난민 및 이민 위원회(U.S. Committee for Refugees and Immigrants)에서는 전 세계 난민 수를 총 62,000,000여 명으로 집계했으며, 34,000,000명이 넘는 사람들이 전쟁 때문에 고향을 잃었으며, 이 중에는 자국 내에서 떠도는 국내 실향민도 있다. 조국을 떠난 대다수의 난민들은 인접 국가에 망명을 신청한다. 유엔난민고등판무관사무소(UNHCR)과 각 정부가 정의한 난민에 대한 "영구적 해결방안"으로는 자발적 본국귀환, 비호국(庇護国)에 정착 및 통합, 제3국 재정착 등이 가능하다.[357] 아래에 각국별 난민 정책을 간략히 기술하기로 한다.

▌프랑스

프랑스 정부가 10.24~29주간(2016년) 칼레 난민촌 철거를 시작해 그 주 내 마무리 지을 예정이다. 10월 21일 AP통신은 프랑스 당국자를 인용해 월요일인 24일 칼레 난민촌 폐쇄 작업을 시작하며 1주일 정도 걸릴 것으로 예상된다고 보도했다. 프랑스 내무부 관계자는 칼레 난민촌에 머무는 인원을 6천468명으로 집계했으며, 이들을 전국에 마련된 7천500개 이상의 난민 시설에 분산 수용할 계획이라고 밝혔다.[358]

프랑스 칼레의 난민촌이 철거에 들어간 첫날 2,300여 명의 난민이 이곳을 떠났다. 그러나 보호자가 없는 미성년 난민들의 경우 난민 등록 절차에 혼선이 생겨 이동이 제한되는 불상사가 발생했다. 영국 인디펜던트 등에 따르면 칼레의 난민들은 10월 24일(2016년) 관리자의

지시에 따라 버스에 올라 프랑스 전역의 80개 수용소로 분산 배치됐다. 현장엔 만일의 폭력 사태에 대비해 1,200명의 경찰이 배치됐으나 난민 이동 과정은 전반적으로 순조롭게 진행된 것으로 전해졌다. 베르나르 카즈뇌브 프랑스 내무장관은 이날 오후까지 수용소 전체 인원(6,500여 명 추정)의 3분의 1 이상인 2,318명이 칼레를 떠났다고 밝혔다.

그러나 약 1,300명에 이르는 부모 미동반 미성년 난민들의 미래는 불확실한 상황이다. 그러나 영국은 지난 며칠간 칼레 미성년 난민 800명을 심사했다며 앞으로 3주 내 수백 명을 더 받아들일 계획이라고 발표했다. 이들은 모두 영국에 가까운 친척이 있는 미성년 난민으로서 더블린 조약의 예외 규정에 따라 영국에 망명하게 된 경우다.[359)]

▌캐나다

캐나다가 이슬람 극단주의 무장세력 '이슬람국가(IS)'에 탄압당해온 이라크 북부 소수민족 야지디족 난민을 수용키로 했다. 캐나다 존 맥컬럼 이민부 장관은 10월 24일(2016년) IS가 집단 학살·납치 등의 탄압을 가해온 야지디족 난민 수천 명을 4개월 이내 캐나다로 수용, 이주시킬 계획이라고 밝혔다고 현지 언론이 전했다. 야지디족은 이라크 북부 신자르 지역에 주로 모여 사는 쿠르드계 소수민족으로 인구는 약 50만 명이며 조로아스터교와 기독교, 이슬람교, 유대교가 혼합된 고대 종교를 갖고 있어 수니파 무슬림으로부터 탄압을 받아왔다.

야지디족을 이단으로 여기는 IS는 2014년 8월 이들의 거주 지역을 급습, 수천 명을 죽이고 여성 2천 명을 납치했다. 그 해에만 야지디족 5천 명이 IS에 납치됐으며, 3천 명은 여전히 붙잡혀 있는 상태다. 최근 자유당 정부는 이라크 북부 야지디족 거주 지역에 실사 팀을 파견해 IS의 공격을 피해 살아남은 난민과 현지 국제단체 전문가들을 상대로 실태를 조사했다. 한편, 야지디족 여성으로 IS의 성노예 피해자인 나디아 무라드(23)도 탄원서를 통해 "절망에 빠진 동족에 구원의 희망을 줄 것을 간청한다"고 호소했다. 무라드는 IS의 성노예로 착취당하다 가까스로 독일로 탈출한 뒤 IS의 만행을 전 세계에 알리는 인권 활동가로 변신했으며 2015년 9월 IS를 집단 학살 혐의로 국제형사재판소(ICC)에 제소했다.[360]

아흐메드 후센 캐나다 이민부 장관은 2월 21일(2017년) 기자회견을 하고 야지디족 생존자 1천200명을 받아들이기로 했다며, 이 중 400명은 22일 캐나다에 도착할 것이라고 밝혔다. 이번 난민 수용에 드는 비용은 2천100만 달러(약 240억 원)이다. 쥐스탱 트뤼도 총리가 이끄는 캐나다 현 정부는 2015년 이후 지금까지 시리아 난민 4만여 명을 수용했다.[361]

▌독일

독일 정부가 자국으로 들어온 난민 100만 명을 돌보기 위해 16개 주와 지방자치단체에 25억 5천만 유로(약 3조 2천억 원)를 올해 추가 지원하기로 결정했다(2016년 11월 2일). 이로써 올해 난민 보금자리 마련과

돌봄에 들어간 전체 예산은 95억 유로(약 12조 원)에 달한다. 독일 정부는 또 내년 예산도 11억 6천 유로(약 1조 5천억 원) 늘리기로 했다. 독일은 2020년까지 난민 지원에 들어가는 비용을 총 245억 유로(약 32조 원)가 들어갈 것으로 추산하고 있다. 난민 1명당 중앙 정부가 지원하는 예산은 한 달 평균 670유로(약 85만 원) 정도다. 독일은 지난해 전쟁 등을 피해 온 중동과 아프리카 출신 난민 89만 명을 받았다.362)

독일이 부적격 난민을 가급적 신속하게 본국으로 돌려보내기로 했다고 2월 9일(2017년) dpa통신이 보도했다. 앙겔라 메르켈 독일 총리는 이날 연방 정부와 16개 주 지도부가 자신의 신분에 대해 거짓말을 하거나 범죄 기록이 있는 등 부적격 난민 신청자를 더 빨리 송환하기로 합의했다고 발표했다. 독일은 메르켈 총리의 난민 포용 정책으로 재작년부터 난민이 대거 유입돼 여러 가지 사회 문제를 겪고 있다. 2015년에는 약 89만 명이, 2016년에는 약 28만 명이 독일에 난민 신청을 했다.363)

유럽의 최대 난민 수용국인 독일이 난민 혐오범죄로 몸살을 앓고 있다. 지난해(2016년) 난민을 겨냥한 공격이 하루 10번꼴로 발생했다는 통계까지 나왔다. 2월 26일(2017년) AFP통신과 영국 파이낸셜타임스(FT) 등에 따르면 독일 내무부는 최근 의회에 제출한 자료에서 지난해 자국에서 난민과 난민보호소를 상대로 한 공격이 3천533건에 달했다고 밝혔다. 거의 하루 10번꼴로 일어난 셈이다. 이 가운데 2천545건은 개개인의 난민을, 988건은 방화 등 난민이 머무는 숙소를 겨냥한 것이었다. 난민보호소 공격은 2014년 단 199건에서 2015년 1천여 건으로 급증했고, 지난해에도 전년과 비슷한 수준을 유지했다.[364)]

▌ 오스트리아

오스트리아에서 난민을 겨냥한 증오범죄 증가가 새로운 사회문제가 되고 있다. 4월 2일(2017년) AFP통신과 오스트리아 APA통신 등에 따르면 지난해 오스트리아에서 난민 수용시설을 대상으로 했던 각종 범죄는 모두 49건으로 전년 25건보다 크게 늘었다. 인종차별적인 내용을 담은 낙서부터 방화, 돌 투척, 가스관 훼손 등 자칫 인명 피해를 낼 수 있는 행위까지 다양한 범죄가 저질러졌는데 대부분 범인은 잡히지 않았다.

의회 조사위원회를 이끈 녹색당 알베르트 슈타인하우저 의원은 APA통신 인터뷰에서 "49건의 범죄 중 44건이 증오범죄로 드러났다"며 "경찰은 대부분의 사건에서 범인을 잡는데 신경도 쓰지 않고 있다"고 지적했다. 그는 내무부가 증오범죄 문제를 심각하게 인식하고 필요한 조사를 하는 게 가장 중요하다면서 아무도 오스트리아가 독일처럼 되는 것을 원하지 않는다고 덧붙였다. 오스트리아는 2015년 이후 인구의 1%가 넘는 13만 명의 난민을 수용했는데 인구대비로는 유럽 국가 중 난민 수가 많은 국가 중 하나다. 크리스티안 케른 오스트리아 총리는 최근 난민 수용 의무할당 기준을 충족한 만큼 더 난민을 받지 않겠다는 서한을 유럽연합(EU) 집행위원회에 보냈다.[365]

▌그리스

국영 언론 ANA에 따르면 11월 18일(2016년) 동부 에게 해 키오스섬의 소우다 난민촌에 정체가 알려지지 않은 사람들이 화염병, 바위 등을 던져 난민촌의 텐트 2채가 화염에 휩싸이고, 공포에 질린 난민 수백 명이 대피했다. 약 30명으로 이뤄진 이들 공격자는 화염병 등을 던진 이후에는 난민촌의 자원 봉사자들을 집단 구타하기도 한 것으로 전해졌다. 이 난민촌은 전날 일부 난민이 현지 주민들이 운영하는 주류 가게에 침입하고, 폭약을 약탈해 현지 주택에 터뜨린 뒤 진압 경찰과 대치하는 등 소요 사태를 일으킨 곳이다. 폭력 사태에 연루된 난민들은 지난 11월 14일(2016년) 난민에 적대적인 그리스 극우 정당 황금새벽 소속 국회의원들이 섬에 다녀간 뒤 이 같은 행동을 저지른 것으로 알려졌다.

유엔난민기구(UNHCR)는 이날 키오스 사태에 대해 우려를 표명하며 그리스 당국에 난민 캠프의 안전을 강화할 것을 촉구했다. 유럽연합(EU)과 터키가 지난 3월 맺은 난민 송환 협정 이후 서유럽으로 향하는 발칸 루트가 막히며 난민들의 발이 묶인 탓에 1천100명가량을 수용할 수 있는 키오스 섬 난민촌에는 현재 3천여 명의 난민이 체류하고 있다. 지난 9월에는 그리스 레스보스 섬의 난민 캠프에서 난민 소

요 사태 이후 화재가 일어나며 한밤에 난민 수천 명이 한꺼번에 탈출하는 혼란이 벌어지기도 했다.[366]

▌미국

미국의 트럼프 대통령은 1월 27일(2017년) 국가의 난민 프로그램을 일시적으로 정지시키고 또 40년 이상 시행해 온 프로그램에 대한 가장 포괄적인 변화를 위한 목적의 행정명령에 서명했다. 문서의 초안은 다른 조치 중에서도, 120일 동안 미국으로 도착하는 모든 난민들을 차단하고 또 전쟁으로 파괴된 시리아로부터의 난민 입국을 무기한 중지하는 조치를 포함한다.[367] 도널드 트럼프 미국 대통령이 이라크, 시리아, 리비아 등 중동과 아프리카 무슬림 7개국 국민의 미국 입국을 전격 금지시키자, 미국시민자유연맹(ACLU)과 국가이민법센터 등 시민단체들은 백악관을 상대로 소송을 제기했다.[368]

트럼프 미국 대통령의 '반(反)이민 행정명령'이 미국과 전 세계를 뒤흔든 끝에 미 사법부에 의해 제동이 걸렸다. 이에 따라 이 행정명령의 효력정지 상태가 유지되지만, 트럼프 대통령이 곧바로 끝까지 이 조치를 지키겠다는 의지를 천명한 만큼 결국 대법원이 존폐를 결정하게 될 것으로 보인다. 트럼프 대통령이 2017년 1월 27일 서명한 이 행정명령은 이라크, 시리아, 이란, 수단, 리비아, 소말리아, 예멘 등 이슬람권 '테러위험' 7개국 국민의 미국 비자발급과 입국을 90일간 금지하고 모든 난민 프로그램을 120일간 중단하는 조치다. 이후 소송은 시애틀 연방지방법원의 제임스 로바트 판사의 전국적 잠정 중단 가처분 결정, 이에 불복한 법무부의 항고, 2월 9일(2017년 현지시간) 제9 연방항소법원의 항고 기각으로 이어졌다. 트럼프 대통령은 항고심 결론이 전해지자마자 트위터에 "법정에서 만나자(SEE YOU IN COURT)"고 써서 대법원행을 예고했다.[369]

도널드 트럼프 미국 대통령은 3월 6일(2017년) 기존 입국금지 대상 이슬람권 7개국 중에서 이라크를 제외하고, 나머지 6개국 국적자의 입국을 한시적으로 금지하는 반(反)이민 수정 행정명령에 서명했다. 다만 이들 6개국에 대해서도 기존 비자 발급자와 영주권자에 대해서는 미국 입국이 허용된다. 그러나 시민단체는 수정 명령 역시 '무슬림 입국 금지' 조치이긴 마찬가지라며 향후 법적 대응에 나서기로 해 논란이 가열될 것으로 보인다. 수정 명령은 오는 16일(2017년 3월)부터 효력이 발생한다고 새라 허커비 샌더스 백악관 부대변인은 전했다.

새롭게 내놓은 '반(反)이민' 행정명령이 법원에서 다시 제동이 걸리자 도널드 트럼프 미국 대통령이 강하게 반발했다. 3월 15일(2017년) AP통신과 CNN 등에 따르면 트럼프 대통령은 이날 저녁 테네시 주 내슈빌에서 유세 형태의 연설을 하던 중 새로운 행정명령에 제동을 건 법원의 결정에 결함이 있다며 "사법권이 유례없이 과도했다고 많은 사람이 생각한다"고 말했다. 하와이 주 연방지방법원의 데릭 K. 왓슨 연방판사는 이날 이슬람권 6개국(이란·시리아·리비아·예멘·소말리아·수단) 출신 국민의 입국을 90일간 제한하는 행정명령의 효력을 미

국 전역에서 일시적으로 중단하라는 결정을 내렸다.[370]

2-2.4. 송환

유럽연합(EU)과 터키가 난민의 대규모 송환에 합의함으로써 EU의 난민 정책에 숨통이 트이게 됐다. EU 28개국 정상과 터키 정상은 3월 7일(2016년) 브뤼셀에서 열린 난민 대책 특별정상회의에서 터키로부터 그리스에 도착한 난민 중 불법적인 이주민을 터키가 다시 전부 받아들인다는 데 원칙적인 합의에 도달했다. 터키가 난민 수용을 전제로 이날 EU에 제시한 추가 요구는 ▲2018년 말까지 30억 유로(약 4조 원)의 지원금을 추가로 지급 ▲터키 국민에 대한 비자면제 요건 완화 시기를 연말에서 6월로 앞당길 것 ▲터키의 EU 가입 협상 가속화 ▲시리아 난민 '1대1 재정착' 등이다. 터키 측은 이번 정상회의에서 터키가 난민을 다시 받아들이는 수 만큼 같은 수의 시리아 난민을 EU 국가들이 재정착시켜야 한다는 1대1 재정착 조건을 제시했다.

한편, EU 집행위는 난민 16만 명을 EU 회원국이 분산 수용하는 방안을 마련했다. 독일, 프랑스 등은 난민 강제할당 방식에 대한 합의를 촉구했으나 헝가리, 체코 등 동유럽 국가들이 반대 의사를 굽히지 않아 결국 지난해 9월 EU 각료회의에서 가중 다수결 방식을 표결로 분산 수용안이 통과됐다.[371] 유럽의회는 협정 타결 조건이었던 터키 국민에 대한 비자 면제를 시행하려면 터키의 반테러법을 유럽

기준에 맞춰 개정해야 한다는 요구를 하고 있지만, 터키는 그 이유로 비자 면제를 보류하면 난민협정 자체가 무효가 될 것이라고 맞서고 있다.372)

2-2.5. 국제 기구

▌탈출 집계

유엔난민기구(UNHCR)는 6월 20일(2016년) 세계 난민의 날을 맞아 발표한 연례 동향 보고서에서 지난해 말 기준으로 국내외 강제이주를 당했거나 난민으로 사는 사람 수가 6천530만 명으로 집계됐다고 밝혔다. 5천950만 명 규모였던 1년 전과 비교하면 600만 명 가까이 늘었다. 세부적으로는 망명 신청을 하고 대기 중인 사람이 320만 명, 난민이 2천130만 명, 강제이주를 당한 사람이 4천80만 명 등이다. 73억 4천900만 명인 전 세계 인구를 고려하면 세계 인구 113명당 1명이 난민 또는 강제이주를 당하거나 망명을 신청한 사람인 셈이다.

소말리아와 아프가니스탄 등 30~40년 내전이 계속되는 곳과 시리아, 남수단, 예멘, 부룬디, 중앙아프리카공화국 등 최근 분쟁이 격화한 지역의 상황과 냉전 이후 난민 등을 거부하는 추세가 영향을 미쳤다고 보고서는 설명했다. 국가별 난민 수는 시리아 490만 명, 아프가니스탄 270만 명, 소말리아 110만 명 등으로 집계됐다. 이들 세 나라의 난민 수는 유엔 관할 난민 수의 절반을 넘는다. 강제이주자

수는 콜롬비아 690만 명, 시리아 660만 명, 이라크 440만 명 등이다. 한국으로 망명을 신청한 난민 수는 5천442명으로 1년 전 4천866명보다 576명 늘었다.[373]

▌국제적 지원

①인도적 지원

유엔은 시리아 내 1천350만 명과 국외 870만 명의 난민들에 대한 인도적 구호와 아동 교육 등 개발에 필요한 지원이 절실하다고 호소했다.[374] 이와 관련하여, 국제 사회가 시리아 인도적 지원을 위해 100억 달러(약 12조 원)를 넘는 자금을 내놓기로 약속했다. 세계 70여 개국 대표들은 2월 4일(2016년) 영국 런던에서 유엔·영국·독일·쿠웨이트·노르웨이 공동주최로 열린 '제4차 시리아 인도적 지원 회의'에서 각국의 지원 규모를 발표했다. 2015년 회의에선 세계 각국은 33억 달러(약 3조 9천550억 원)를 지원한다고 발표했다.

유럽연합(EU)이 2016년에 34억 달러(약 4조700억 원)를 시리아 난민 지원에 할당하겠다고 발표했다. 독일은 올해 13억 3천600만 달러를 포함해 2018년까지 25억 달러(약 3조 원)를 지원하기로 약속했다. 영국은 2020년까지 17억 5천만 달러(약 1조 4천400억 원)를 지원하기로 했다. 미국은 올해 8억 9천만 달러를 지원하기로 했다. 노르웨이는 올해 2억 9천만 달러 등 2020년까지 11억 7천만 달러(약 1조 4천억 원)를, 일본은 올해 3억 5천만 달러를, 아랍에미리트(UAE)는 올해 1억 3천700

만 달러를 각각 지원한다고 약속했다.

②인권 보호

미얀마 소수민족 로힝야족의 인권유린 피해가 심각한 상황에 이른 가운데 유엔 인권최고대표사무소(OHCHR)가 2월 3일(2017년) 미얀마 정부군의 학살·성폭행 범죄 실태를 담은 보고서를 내놓았다. 방글라데시에 머무는 로힝야족 난민 204명을 인터뷰한 이번 보고서에서 난민들은 미얀마군이 어린이를 포함해 수백 명을 학살하고 여성들을 강간했다고 증언했다.

유엔은 작년 10월 이후 '지역 청소 작전'으로 불리는 미얀마군의 학살, 범죄 행위가 반인륜적인 전쟁범죄나 다름없을 정도로 이뤄지고 있다며 즉각 중단할 것을 촉구했다. 인터뷰에 응한 난민의 47%는 미얀마군에 가족이 살해됐다고 말했고 43%는 성폭행을 당했다고 증언했다. 이슬람교를 믿는 로힝야족은 미얀마에서 일정한 주거지 없이 떠도는 소수민족이다. 자이드 인권최고대표는 "미얀마 정부는 인권침해 행위를 저지르지 않았다는 해명만 하지 말고 즉시 이러한 행위를 중단하기 바란다"고 말했다.[375]

2-3. 지구촌의 기근 사태

2-3.1. 개념의 정의

기근(飢饉·饑饉)은 사회에 널리 만연한 식량 부족 사태를 가리키며, 이는 수확 실패, 인구 과잉, 정부 정책을 포함한 여러 요소에 기인한다. 대기근(大飢饉), 기황(饑荒)이라고도 하며, 인간의 극심한 영양실조 상태를 말하는 기아와는 구분한다. 이러한 현상은 보통 영양실조, 기아, 유행병, 사망률의 증가를 동반한다. 전 세계의 모든 대륙은 역사를 통해 기근의 시기를 겪었고 지금도 수많은 국가들이 극심한 기근에 시달리고 있다.[376]

2-3.2. 기근 실태

세계 각지에서 일어나는 분쟁이 5천600만 명이 넘는 사람들을 심각한 기아와 폭력 상황으로 내모는 것으로 나타났다. 유엔식량농업기구(FAO)와 세계식량계획(WFP)은 7월 29일(2016년) 유엔 안전보장이사회(안보리)에 제출한 보고서에서 이같이 밝혔다. 분쟁으로 식량 안보를 위협받는 사람은 예멘과 시리아에 가장 많다. 예멘에서는 인구의 절반 이상인 1천400만 명이, 시리아에서는 분쟁 발생 전에 집계한 인구의 37%인 870만 명이 각각 기아 위기나 비상 상황에 직면했다. 최근 내전 위기가 격화하는 남수단에서는 480만 명이 같은 고통에 시달린다. 이들은 식량, 영양, 생계 지원이 시급한 상태다. 레바논에 있는 시리아 난민의 89%도 마찬가지로 긴급 식량 지원이 필요한 것으로 파악됐다. 분쟁을 겪은 이후에 식량 안보가 불안한 나라는 기아 문제를 해결하지 않으면 10년 이내에 다시 분쟁이 재발할 확률이 40% 높다고 FAO와 WFP는 추산했다.[377]

소말리아와 케냐, 예멘, 남수단 등 아프리카 4개국에서 2,000만 명 이상이 극심한 기아에 시달리고 있는 것으로 조사됐다. 미국 케이블 뉴스 방송망(CNN)의 보도(2017년 3월 11일)에 따르면, 소말리아에서는 전 국민의 절반 이상인 600만 명 이상이 식량 지원을 필요로 하고 있다. 가뭄과 기근에다가 이슬람 급진무장세력인 알-샤바브까지 소말리아 국민들의 삶을 극도로 황폐하게 만들고 있다. 케냐에서는 270만 명 이상이 굶주림에 시달리고 있다. 유엔 인도주의업무조정국(OCHA) 스티븐 오브라이언 국장은 다음 달에는 굶주림에 직면한 케냐 사람들의 수가 400만 명으로 늘어날 것으로 우려했다. 남수단과 예멘에서는 각각 750만 명과 700만 명이 심각한 식량난을 겪고 있다고 하였다.[378]

유엔에 따르면 한 지역에서 매일 기근으로 숨지는 사람이 1만 명당 2명이 발생하는 것으로 나타났다. 워싱턴포스트지(WP)는 아프리카에서 지속되는 기근은 가뭄과 함께 분쟁도 일조한다며 특히 이들 4개국에서 폭력사태가 계속되고 있다는 점을 지적했다(2017년 4월 11일). 폭력사태가 기근 지역에 대한 구호단체의 접근을 제한할 수 있으며,

이 과정에서 기아가 고의적 전쟁전술로 악용될 수도 있다. 현재 기아 사태에 대한 관심은 아프리카의 4개국(남수단, 나이지리아, 소말리아, 예멘)에 초점이 맞춰져 있지만, 콩고, 중앙아프리카공화국, 리비아, 이라크, 시리아, 아프가니스탄에서도 지속적인 폭력사태로 수백만 명이 굶주린 상태이다.[379]

2-3.3. 기근의 학술적 접근

■ 정의

국제연합(UN) 인도주의 기준에 따르면, 많은 사람들이 영양실조를 겪는 식량 부족이 있다 하더라도 기근(famine)은 특정한 수치의 사망자 수, 영양 불량과 기아(굶주림)에 이르렀을 때에만 선포된다. 그 기준은 다음과 같다.[380]

▶한 지역 내 세대수의 최소 20%가 극복 능력이 제한된 상태에서 극단의 식량 부족에 직면한 때
▶극심한 영양 불량 비율이 30%를 초과한 때
▶사망 비율이 1일 10,000명당 2인을 초과한 때

■ 기근 완화 시도

기근의 가혹함 때문에, 기근의 완화 시도는 정부와 기타 당국의 주요한 관심사항이었다. 산업화 이전의 유럽에 있어서, 기근을 예방하

고 또 적시적인 식량 공급을 확보하는 것은 제한된 수준의 대외 교역과 진정한 구호를 실시하기에는 일반적으로 지나치게 초보적인 사회 기반시설과 관료제도 때문에 그들의 선택 대안을 가지고 조치를 하기에는 지극히 제한되어 있기는 하였지만, 그러나 많은 정부의 주요 관심사항이었다. 대부분의 정부들은 기근이 폭동과 기타 다른 형태의 사회적 와해를 가져올 수 있기 때문에, 기근을 우려하였다. 19세기 중반과 산업혁명이 시작될 무렵에 이르러, 정부들이 가격 통제, 외국 시장으로부터의 식량 생산물의 대규모 수입, 비축, 배급제의 실시, 생산물의 규제와 구호품을 통하여 기근의 효과를 완화할 수 있게 되었다.

■ 20세기 기근

20세기 중에, 전 세계를 통하여 추정 7천만 명이 사망하였으며, 그들 중 추정 3천만 명은 1958-61년 사이에 중국에서 발생한 기근으로 사망하였다.[381] 20세기 후반에 있었던 소수의 커다란 기근들은 1960년대 비아프라[382] 기근, 1970년대 캄보디아의 크메르 루주[383] 가 야기했던 캄보디아 내의 기근, 1990년 북한의 기근과 1983-84년의 에티오피아 기근 등이다.

■ 21세기 기근 상황

2017년까지 기근으로 인한 세계적인 사망은 크게 줄어들었다. 세계평화재단(world Peace Foundation)은 1870년대부터 1970년대까지, 커다란 기근이 1년에 평균 928,000명을 사망케 하였다고 보고하였다. 1980년 이래, 연간 사망자가 1970년대까지의 사망자의 10% 미만인 평균 75,000명으로 떨어졌다. 이들 감소는 2011년의 소말리아 기근으로 대략 150,000명이 사망하였음에도 불구하고 이러한 감소가 이루어졌다. 그러나 2017년에, 국제연합(UN)은 공식적으로 아프리카에 기근이 도래하였다고 선언하였으며, 나이지리아, 남수단, 예멘과 소말리아에서 약 2,000만 명이 기아로 인한 사망의 위험에 노출되어있다고 보고하였다.[384]

■ 1990년대의 북한 기근

전례 없던 홍수로 인하여 촉발된 기근이 1990년대 중반에 북한을 가격하였다. 이 경제 자립정책의 도시풍의 산업국가는 대량의 보조 물품의 유입에 의존하였으며, 그러한 물품 등은 화석 연료를 포함하였는데, 주로 러시아와 중화인민공화국으로부터 들여왔다. 소련이 붕괴하고 중국의 시장화가 무역으로부터 완전 가격 기준의 경화로 전환하였을 때, 북한의 경제는 붕괴하였다. 1995-96년에 취약한 농업 경제부문이 대량의 실패를 경험하였고, 1996-99년까지는 철저한 기근으로 확대되었다. 북한의 인구조사에 기초한 추정은 이 기근으로 240,000명 내지 420,000명이 사망하였고 또 1993년부터 2008년간에 북한에는 600,000명 내지 850,000명이 비명으로 사망하였음을 보여주고 있다.[385] 북한은 아직까지도 식량의 자급자족을 이루지 못하였으며, 중국, 일본, 한국, 러시아와 미국 등으로부터 들여오는 외

부 식량원조에 의존하고 있다.386)

■ 현행의 정책

국가 혹은 시장을 통한 재래식 간섭을 배경으로, 식량 안보 문제를 다루기 위하여 대안적인 정책들이 실시되어 왔다. 하나의 범 아프리카 실례는 아프리카의 녹색장성(Great Green Wall)이다. 또 다른 실례는 아프리카의 식량 안보를 증진시키기 위한 대안적인 접근책을 제공할 목적을 가진 비정부기구 프로그램인 농업개발(CABDA)387)을 위한 "공동체 지역-기반의 개발 접근방안"이다. CABDA는 한발(旱魃)을 견뎌내는 곡물과 농림업과 같은 새로운 식량생산 방법의 도입과 같은 특수한 간섭분야를 통하여 추진된다. 1990년대에 에티오피아에서 최초로 실시된 이 방법은 말라위, 우간다, 에리트레아로 퍼져나가고 있다. 해외개발연구원(Overseas Development Institute)에 의한 이 프로그램의 분석에서, CABDA의 초점은 개인과 지역사회의 생산능력-구축을 강조하고 있다.

IV

1. 지구촌 갈등 문제

갈등(葛藤)은 의지를 지닌 두 성격의 대립 현상이며, 그 성질에 따라 외적 갈등과 내적 갈등으로 크게 나뉜다. 그래서 이를 바탕으로 하여 분쟁(紛爭)이라고 한다.

외적 갈등: 사람과 사람, 또는 사람과 환경 사이의 갈등.

내적 갈등: 한 인물의 심리적 갈등. (문학에서 자주 사용하며, 사건 전개에 긴박감을 더해 준다.)[388]

1-1. 분쟁의 성격과 결과

1-1.1. 분쟁의 성격과 구분

지구상 여러 곳에서 벌어지고 있는 지역 분쟁은 주로 국가 간 혹은 국가와 국가를 자칭하는 단체 간에 벌어진다. 이러한 국가 분쟁은 그 의미에서 보면, 두 나라 이상이 서로 대립하거나 갈등 관계에 놓여 있는 상태이거나, 혹은 더 나아가 군사력 등을 동원해 상대 국가의 뜻을 강제로 꺾으려고 하는 것으로, 매우 다양한 원인 때문에 발

생한다. 분쟁을 대별하면, 다음과 같이 구분된다

첫째, 민족 분쟁 : 여러 민족으로 이루어진 국가에서 발생하곤 하는데, 다수민족과 소수민족이 서로 다른 주장을 하며 마찰을 일으키기도 한다.

둘째, 종교 분쟁(전쟁): 종교전쟁 또는 성전(聖戰, 성스러운 전쟁)은 "신의 이름으로 전쟁을 치른다"라는 명목의 이념으로 행해지는 종교적 전쟁이며 일반적으로 종교 혁명이라고 불리어지는 종교를 개혁시키기 위한 운동을 표현하는 데 쓰이기도 한다.[389]

셋째, 정치적, 경제적 이유로 인한 분쟁을 들 수 있는데, 서로 다른 정치 이념 때문에 정권을 장악하기 위해서 분쟁이 일어나기도 하며, 또한 경제적으로 석유와 같이 현대 세계에서 중요한 경제적 자원을 확보하기 위해 분쟁을 벌이기도 한다.

1-1.2. 분쟁 결과

분쟁은 기아(飢餓, 굶주림)를 유발하는 가장 큰 원인이며 작물, 가축, 농업 인프라를 파괴하고 시장을 혼란에 빠뜨려 미래의 수요를 맞추는 데 두려움과 불확실성을 불러일으킨다.[390]

1-2. 분쟁 사례와 일반 개념

1-2.1. 민족 분쟁의 사례

▪ 유고슬라비아의 내전

1989년 혁명(東歐州革命)은 1989년에 소비에트 연방 및 동유럽과 공산주의 국가에서, 공산당 정부가 연속적으로 쓰러지거나 변화가 일어난 혁명이다. 동유럽 혁명 이후, 많은 민족들이 묶인 발칸반도 지역 중 유고슬라비아는 더욱 심했는데, 연방의 세르비아계와 크로아티아, 슬로베니아계로 나눠 내전이 발생하게 된다.[391]

▪ 이스라엘

현대 이스라엘은 19세기 시온주의 운동을 배경으로 1948년, 영국으로부터 독립하였다. 영국군이 팔레스타인에서 철수하기 전까지 유대인들과 아랍인들은 서로 충돌하였다. 영국군이 팔레스타인에서 철수하자 이스라엘은 즉각 이스라엘 공화국의 건국을 선포하였다. 장기간에 걸친 이스라엘과 팔레스타인과의 분쟁 결과, 1993년에 팔레스타인 해방기구(PLO)와 자치에 합의하여 팔레스타인 자치 정부가 가자지구와 요르단 강 서안 지구에 세워졌으나 현재까지 분쟁은 계속되고 있다. [392]

▪ 나이지리아

나이지리아는 1960년 10월 1일 영국으로부터 영연방의 자치국으로 독립했으나, 북부의 하우사족과 풀라니족, 서부의 요루바족, 동부의 이그보족 등 대부족들을 단일통치체제 속에 묶었기 때문에 문제가 많이 일어났다.[393]

- **남수단 내전**

남수단 내전은 2013년 12월 14일, 남수단에서 남수단 육군의 파벌 중 일부가 쿠데타를 일으킨 후 발발한 내전이다.[394] 양측간의 전투는 민족적인 성질을 갖는다. 남수단 내에서 일백만 명 이상이 실향민으로 추방되었으며 또 40만 명 이상이 주변 국가로 피난하였는데, 특히 케냐, 수단과 우간다 등지로 국외 탈출하였다.[395]

- **조지아-오세티아 충돌**

1989년에 전개되어 1991~1992년 남오세티야 전쟁으로 발전한 조지아의 남오세티야 자치 지역에서의 민족적-정치적 충돌이다.[396]

1-2.2. 종교 분쟁의 일반 개념

종교 분쟁(전쟁)이란 유럽에서 종교문제와 관련되어 일어났던 일련의 전쟁을 지칭하지만, 넓은 의미로는 종교에 관계되어 일어난 모든 전란을 지칭한다. 서양사상(西洋史上)의 용어로서는 16세기 후반에서 17세기 후반에 걸친 유럽에서 종교개혁을 계기로 한 신교와 구교 양 교파의 대립으로 야기되어 국제적 규모로 진전된 일련의 전쟁을 가리키며 13세기에서 16세기 초반까지 이단으로 몰려서 탄압되었던 여

러 종파들과 벌어진 국지적인 전쟁도 포함된다. [397)]

1-2.3. 정치적, 경제적 이유로 인한 분쟁

■ 영토분쟁

영토분쟁(領土紛爭, territorial dispute)은 일정한 영토의 주권을 두고 벌어지는 국가 사이의 국제 분쟁이다. 영토 분쟁은 일반적으로 땅과 하늘이 대상이 되지만, 강과 바다 등도 분쟁의 대상이 될 수 있다. 인접한 국가 사이에 영유권을 주장하는 영토가 서로 중첩될 경우 영토 분쟁이 발생한다. 현대에는 천연자원을 둘러싸고 영토 분쟁이 일어나는 경우가 많다. 대표적으로 스프래틀리 군도, 포클랜드 제도 등의 분쟁이 있다.

■ 영토 분쟁의 종류

● 국경 분쟁: 국가 사이에 국경을 어떻게 정할 것인지를 두고 발생하는 분쟁으로, 가장 일반적인 분쟁의 형태이다.[398)]
  – 카슈미르 분쟁
  – 러시아와 우크라이나의 크림 반도 영유권 분쟁[399)]

● 존재 분쟁: 서로가 상대방을 자신 또는 제3국의 속국이라 주장해서 발생하는 분쟁. 당연히 상대 국가의 주권을 괴뢰정부로 간주한다.
  – 몽골과 중화민국[400)]

- 분단: 상대방 국가의 존재를 인정하지 않고 분쟁 당사국들이 거의 동일한 영역에 대한 주권을 주장하는 분쟁의 형태이다.
    - 대한민국과 조선민주주의인민공화국
    - 중화민국과 중화인민공화국
    - 키프로스와 북키프로스

- 강제 점령: 타국의 영토 일부 혹은 전부를 무력으로 점령하여 발생하는 분쟁의 형태이다.
    - 팔레스타인 분쟁
    - 서사하라 분쟁
    - 포클랜드 제도 분쟁
    - 티베트 분쟁
    - 동투르키스탄 분쟁

- 분리 독립: 사실상 분리 독립했으나, 독립국이 과거에 속했던 국가가 독립을 인정하지 않아 발생하는 분쟁이다.
    - 코소보
    - 압하지야
    - 남오세티야
    - 소말릴란드
    - 나고르노카라바흐 공화국 분쟁

2. 갈등 해결책의 검토

2-1. 갈등의 해결과 기술

2-1.1. 갈등과 갈등해결

갈등(또는 분쟁)은 의사결정 과정에서 선택을 둘러싸고 곤란을 겪는 상황을 말한다. 갈등은 개인 갈등과 복수 의사 주체(단체 혹은 국가) 간의 갈등으로 나누어 볼 수 있다. 조직 및 집단 차원에서의 갈등은 둘 이상의 행동 주체 사이에서 상호 이해나 목표가 상충하거나 희소가치의 획득을 둘러싸고 서로 다투는 현상이라고 정의할 수 있다. 개인 갈등을 해결하기 위해서는 새로운 대안을 더 탐색하거나 목표를 낮게 수정해야 할 것이다. 한편, 복수 의사 주체 간의 갈등 해결 방법으로는 사실에 관한 정보 수집을 통해 해결책을 모색하는 문제해결과 설득, 흥정(거래) 그리고 제휴(연립형성)을 통해 해결책을 모색하는 책략 등이 있다.[401)]

2-1.2. 갈등해결을 위한 방안의 검토

■ 갈등해결

갈등해결(conflict resolution)에는 분쟁의 주체, 다투어야 할 문제점인 쟁점, 분쟁을 해결하기 위한 수단의 분쟁 3요소 중 적어도 하나를 배제하면 된다.[402)]

정책으로서의 분쟁해결은 다음의 4단계로 이루어진다.

(1) 폭력적 수단을 행사할 수 없도록 하기 위한
분쟁억제체제의 구축을 위한 분쟁방지와,

(2) 억제에 실패하여 무력분쟁이 발생한 경우의
평화회복을 위한 분쟁대처,

(3) 회복된 평화를 유지하기 위해 분쟁억제체제를
재(再)구축하는 분쟁수습,

(4) 분쟁의 원인인 쟁점의 해소를 위한 분쟁 해소.

■ 갈등을 해결하는 방법

▶힘에 의한 해결 방법[403)]: 상대방의 희생을 요구하거나 승자와 패자로 나누어지기 쉬운 해결 방법이다. 갈등을 근본적으로 해결하기 어렵다.
예) 폭력을 통한 갈등의 해결

▶법에 의한 해결 방법 : 제도적 장치를 통해 갈등을 평화적으로 해결하는 방법이기는 하나, 그 자체만으로는 한계가 있다.

▶대화에 의한 해결 방법 : 대화를 통해 서로가 만족할 수 있는 결과를 이끌어 내는 평화적인 해결 방법이다.

■ **갈등 해결의 기술**

▶협상(協商) : 당사자들이 직접 대화를 통해 해결.

▶조정(調停) : 협상이 실패하고 갈등 중인 당사자들 사이에 의사소통의 끈이 끊어졌을 때, 중립적인 제3자를 통해 갈등을 해결.

▶중재(仲裁) : 당사자들 스스로가 해결책을 찾을 수 있도록 제3자가 도와주는 것.

2-2. 화해와 교류 협력

인류의 평화는 신뢰의 문제이다. 제1·2차 세계대전을 통하여 전쟁이란 결국 국책수행의 방법으로써 또는 분쟁해결의 방법으로서도 그 목적에 완전히 위배되는 자살적인 수단이라는 것도 판명되었다. 동시에 중요한 교훈은 전쟁이란 전쟁에 앞선 평화 속에 깊은 원인의 뿌리가 자라고 있는 것이므로, 전쟁방지를 위해서는 그 원인이 되는 국제상황과 사회체제를 부단히 재검토·재조직해야 한다. 평화란, 단순히 핵무기의 폐기 내지는 군비축소의 문제가 아니라, 그것을 사용하는 인간의 야심·이익·경쟁심·불안·공포 등, 요컨대 신뢰의 문

제이며 정치의 문제임을 부정할 수 없다.404)

주변국 중국의 시진핑(習近平) 국가주석은 한반도 문제와 관련하여,405) 중국은 반도의 가까운 이웃으로 반도에 전쟁과 혼란이 일어나는 것을 결코 용납하지 않을 것이며, 또 북핵 문제 해결을 위한 '대화 재개' 필요성을 강조하고, '한반도 비핵화, 한반도 평화안정, 대화·협상을 통한 문제 해결' 등 중국이 오랫동안 견지해온 '한반도 3원칙'도 재차 거론했다고 보도된 바 있다.406)

남북 간 긴장을 완화하고 공동 번영을 위한 협력의 틀을 마련하기 위해서는 핵 실험과 미사일 발사 등과 같은 극단적인 군비 증강의 모험을 포기하는 것이 상호 간의 신뢰를 이끌어 대화와 협력으로 가는 바탕이 될 것이다. 따라서 남북한이 전략적 군비증강 및 군사기동 등의 위협적이고 도발적인 군사행동 등의 수위를 조절하고, 필요시 교류와 협력의 정책을 지속적으로 유지해 가면, 화합과 동질성 회복으로 이어지는 길이 될 것으로 생각한다.

2-3. 국제기구에 의한 결의안의 협력 수용

국가와 국가 사이에 분쟁이 발생하게 되면 무력으로 해결하려 하지 말고 대화(對話)와 타협(妥協)을 통해 분쟁의 원인을 풀어나가도록 해야 할 것이다. 전쟁을 통해 상대 국가를 굴복시켜 분쟁 지역을 점령하게 된다 하더라도, 그대로 끝나는 경우는 거의 없다. 전쟁에서

패한 쪽이 테러 등을 하면서 계속 저항하게 되고, 양국의 많은 민간인들이 죽거나 다치게 되어 불행한 사태가 이어지게 되는 경우가 비일비재하다. 따라서 그와 같은 불행한 사태를 초래하지 않으려면 시간이 오래 걸리고 힘들더라도 무력보다는 대화와 타협으로 해결하려는 지속적인 노력이 필요하다. 이때 어느 한쪽 국가의 정치적, 경제적 이익만 앞세우고 상대방 국가의 주장을 무시하게 되면, 국가 간의 분쟁은 더욱 악화될 뿐이다.

국가 분쟁은 그 지역만의 문제가 아니라 지구촌의 문제가 되기도 한다. 따라서 국가 분쟁을 줄이기 위해 전 세계가 함께 노력하고 있는 것이다. 전쟁과 분쟁 해결을 위한 기구로 국제연합(UN)이 있는데, 그 집행기구로 국제 평화와 안전 유지를 목적으로 하는 국제연합 안전보장이사회(안보리)가 있다.[407]

지역 갈등 해소를 위해서는, 분쟁의 당사국들이 이러한 기구들을 적극 활용하고 또 여기에서 이루어진 의무사항을 수용하고 협력하는 자세가 요구된다. 유엔 안전보장이사회(안보리)가 6월 2일(2017년) 북한의 잇따른 탄도미사일 도발에 맞서 새로운 대북제재결의안을 채택했다. 유엔이 대북제재를 내놓은 것은 북한의 첫 핵실험이 있었던 지난 2006년 이후로 7번째다. 안보리는 이날 오후 뉴욕 유엔본부에서 15개 이사국이 참석한 가운데 회의를 열고 새 대북제재결의 '2356호'를 채택했다. 회의 시작과 동시에 진행된 거수 표결에서 15개 이사국 대사들은 전원 찬성 의사를 밝혔다. 안보리는 결의안에서 "북한의 거듭된 탄도미사일 발사에 대해 '심각한 우려'를 표명하면서 이런 실험이 북한의 핵무기 운반체계 개발에 기여하고 있다"고 비판했다. 안보리는 '가장 강력한 언어'로 북한의 핵·미사일 활동을 비난한다면서 "북한이 모든 핵무기와 기존 핵 프로그램을 완전하고, 검증 가능하며 되돌릴 수 없는 방식(in a complete, verifiable and irreversible manner)으로 포기하고 탄도미사일 발사 실험도 완전히 중단할 것"을 촉구했다. 이번 제재결의는 자산동결과 국외여행에 제한을 가하는 블랙리스트 명단을 확대하는 데 초점을 맞췄다. 이에 따라 북한 기관 4곳과 개인 14명이 블랙리스트에 추가됐다. 이에 따라 북한의 핵·미사일 프로그램과 관련해 유엔의 제재대상은 총 개인 53명, 기관 46곳으로 늘어나게 됐다. 앞서 유엔 안보리는 2006년 이후로 대북제재 결의 1718호(2006년)와 1874호(2009년), 2087호·2094호(2013년), 2270호·2321호(2016년)를 채택한 바 있다408)

미국의 존 케리 전 국무장관은 1월 5일(2017년) 내각과 직원들에게 보낸 '고별 메모'를 통해 "북한의 핵 프로그램은 북한을 더욱 고립시키고 주민들을 피폐하게 만들고 있다"면서 "북한은 계속해서 유엔 안보리 결의를 노골적으로 위반하고 있다"고 비판한 바 있다.409)

V

◇ ◇ ◇

　한반도 비핵화를 위한 6자 회담이 정돈상태[410]에 있기는 하지만, 여기에 대표단을 보내게 되는 중국, 일본, 러시아, 미국 등은 오랜 기간 동안 한반도의 역사와 문명의 발달에 영향을 미쳐왔고, 오늘날 에도 선린관계 유지와 공동협력 등을 통하여 역내 발전에 기여하고 있는 주변 국가들이다.

　오늘의 시점에서 이들 국가들의 정치와 경제, 일반 사회 및 군사 분야 등에서의 제반 협력관계는 우리의 주요 관심사항이며, 21세기 세계화의 시대를 살아가는 우리들에게는 지역안정과 경제적인 번영 을 위한 필수적인 전제가 된다.

　근년에 이르러, 한반도를 둘러싼 제반 상황은 북한의 핵 및 미사일 발사로 인한 동북아에서의 긴장 상태를 유발하고 많은 세계인들의 우려를 자아내고 있다. 여기에 더하여, 주변 동중국해상에서의 중국 과 일본의 영토분쟁과 남중국해 상에서의 중국의 영해 선언과 무인 도의 요새화로 촉발된 미국을 포함한 주변국들과 중국 간의 무력 충 돌 직전의 사태가 긴박감을 더하고 있다.

　또한, 서태평양 넘어, 이라크, 아프가니스탄, 시리아, 예멘, 소말 리아 등 중동지역에서의 내전 상황과 무력 충돌, 파벌과 종파 간의 살육과 폭력 테러 등에 의한 분쟁이 끊이지 않고 이어지면서 무고한 주민의 대량 살상 등이 연일 보도되고 있다.

유럽 대륙과 아메리카 대륙 등지에서도 사정은 마찬가지다. 그 대표적인 사건으로 프랑스 파리의 주민 밀집지역에서 총기를 난사하여 130여 명을 살해하고 수백 명에게 중상을 입힘으로써 세계인들을 놀라게 한 이슬람 국가(IS)에 의한 테러 사건(2015년 11월 13일). 2001년 알카에다에 의한 미국의 9·11테러 사건 등을 포함한 IS 추종세력에 의한 일련의 테러와 폭력 사태, 예멘과 소말리아 그리고 남수단을 비롯한 아프리카 여러 나라에서의 내란과 종파 전쟁 등으로 인류의 종말을 불러올 수도 있는 세계대전 일보 직전까지의 상황에 이르고 있다.

상황을 어렵게 하는 것은 국지적인 내전과 테러 등으로 하여 많은 난민이 발생하고 있으며, 이들은 생존을 위하여 위험한 피난 행렬을 이어가고 있음이 보도되고 있다. 상황을 더욱 어렵게 하는 것은 난민들의 정착을 둘러싸고 세계는 국경 봉쇄를 강화하는 추세에 있거나, 국가에 따라서는 이슬람권 난민들의 수용을 어렵게 하는 입법적 조치도 마련하고 있는 것이 오늘의 현실이다.

세계 모든 인류가 주목해야 할 또 다른 문제는 지구촌의 식량 안보에 관한 사태이다. 유엔식량농업기구(FAO)와 세계식량계획(WFP)는 유엔 안전보장이사회(안보리)에 제출한 보고서(2016년 7월 29일)에서 세계 각지에서 일어나는 분쟁이 5천600만 명이 넘는 사람들을 심각한 기아와 폭력 상황으로 내몰고 있다고 밝혔다.

분쟁으로 식량 안보를 위협받는 사람은 식량, 영양, 생계 지원이 시급한 상태다. 유엔 인도주의업무조정국(OCHA)은 "세계인들의 집단적이고 협동적인 노력이 없으면 이들은 그저 굶어 죽는 수밖에 없다"면서 국제적인 도움을 촉구하고 있음이 보도되기도 했다(2016년 7월 28일).411)

그러나 다른 한편으로 다행스러운 것은 지구촌의 안녕과 인류의 밝은 미래를 위하여 세계는 꾸준히 공동협력을 이어가고 있다. 2015년 12월 파리에서 합의를 이루어낸 세계 기후변화 협약, 중동과 아프리카 내전 국가들로부터 탈출해 오는 수많은 국외로의 탈출자들을 위한 난민 문제 해결 등을 위한 전 지구적인 노력 등은 그 대표적인 업적이며 성과로 평가될 수 있다.

오늘날 세계 곳곳에서 벌어지고 있는 테러와 폭력사태, 그리고 생존(生存)을 가르는 국가적 혹은 지역적 기근사태 등 지구촌의 불행한 가족들에게 협동적인 노력이 결실을 맺어 모두가 안전하고 평화스러운 세계를 살아갈 수 있기를 희구하면서, 20세기 후반 이후 꾸준히 진행되어 온 세계화의 물결 속에서 우리는 선린외교를 통하여 함께 살아가는 공존공영의 길로 나갈 수 있기를 기원한다.

기사 및 저서

- Velkley, Richard (2002), "The Tension in the Beautiful: On Culture and Civilization in Rousseau and German Philosophy", Being after Rousseau: Philosophy and Culture in Question, The University of Chicago Press, pp. 11-30
  https://en.wikipedia.org/wiki/Civilization#cite_note-velkley-20 W Civilization - Wikipedia
- 本郷健『戦争の哲学→전쟁의 철학』(原書房, 1978년) 46항—47항
  https://ko.wikipedia.org/wiki/전쟁, W 전쟁 - 위키백과
- 요한 크리스토프 아놀드, 이진권 역,《평화주의자 예수》, 샨티, 2006년.
  https://ko.wikipedia.org/wiki/평화 W 위키백과 - 평화
- Michael Nicholson(27 March 1992). Rationality and the Analysis of International Conflict. Cambridge University
  ;https://en.wikipedia.org/wiki/Conflict_(process)#Definitions W Conflict_(process)#Definitions - Wikipedia
- Šmihula, Daniel (2013): The Use of Force in International Relations, p. 67, http://en.wikipedia.org/war W War - Wikipedia
- "Article 2" (PDF). The United Nations Framework Convention on Climate Change. Retrieved 23 May 2016.
  https://en.wikipedia.org/wiki/United_Nations_Framework_Convention_on_Climate_Change#cite_note-art2-3

- "What is the UNFCCC & the COP". Climate Leaders. Lead India. 2009. Retrieved 5 December 2009. https://en.wikipedia.org/wiki/United_Nations_Framework_Convention_on_Climate_Change#cite_note-climate-leaders.org-6
- 《America's Climate Choices》 Washington, D.C.: The National Academies Press. 2011. 15쪽. https://ko.wikipedia.org/wiki/지구_온난화#cite_note-AmericasClimateChoices-2011-FullReport-3, W 지구 온난화 - 위키백과
- "Joint Science Academies' Statement" (PDF): https://ko.wikipedia.org/wiki/지구_온난화#cite_note-8 W 지구 온난화 - 위키백과
- "Refugees and migrants crossing the Mediterranean to Europe". United Nations High Commissioner for Refugees. https://en.wikipedia.org/wiki/European_migrant_crisis#References W European _migrant -crisis - wikipedia
- "EU Member States granted protection to more than 185 000 asylum seekers in 2014" (PDF). EUROSTAT.: https://ko.wikipedia.org/wiki/ W 유럽 난민 사태 - 위키백과

-온라인 백과 사전(ON-LINE ENCLYCLOPEDIA)

► 영문 위키백과 https://en.wikipedia.org/wiki/English_Wikipedia W
  English Wikipedia – Wikipedia

► W 한국어_위키백과 – 위키백과 https://ko.wikipedia.org/wiki

► 야후! 백과사전

► 《글로벌 세계 대백과사전》; (위키백과)

► [네이버 지식백과] 갈등 [conflict] (행정학사전, 대영문화사, 2009.)

► [네이버 지식백과] 분쟁해결[conflict resolution (21세기 정치학대사전,
  한국사전연구사),

► [네이버 지식백과] 평화 [peace, 平和] (두산백과)

► [네이버 지식백과] 전쟁 [war, 戰爭] (두산백과)

► [네이버 지식백과] 전쟁 [戰爭] (한국민족문화대백과, 한국학중앙연구원)

► [네이버 지식백과] 테러 [Terror] (군사용어사전, 일월서각, 2012.)

► [네이버 지식백과] 테러 [Terrorism, Terror] (국방과학기술용어사전, 국
  방기술품질원, 2011.)

► [네이버 지식백과] 평화 [peace, 平和] (21세기 정치학대사전, 한국사전
연구사)

► [네이버 지식백과] 러시아의 크림반도 합병(시사상식사전, 박문각, 2014)

온라인 매체(ON-LINE MEDIA)

- 경향신문 www.khan.co.kr
- 국민일보 http://www.kmib.co.kr/news/index.asp
- 네이트 뉴스 news.nate.com
- 뉴시스 www.newsis.com
- 노컷뉴스 www.nocutnews.co.kr
- 서울경제 http://news.nate.com
- 서울신문 - 맛있는 정보! 신선한 뉴스
- 세계일보 www.segye.com
- 연합뉴스 www.yonhapnews.co.kr
- 조선닷컴 www.chosun.com
- 한겨레 http://www.hani.co.kr/
- 한국경제 한경닷컴 홈 - 성공을 부르는 습관
- JTBC jtbc.joins.com
- MSN - 뉴스, 핫메일, Hotmail, Skype. www.msn.co.kr
- SBS 뉴스
- YTN 뉴스
- ABC News (Australian Broadcasting C. www.abc.net.au/news
- BBC www.bbc.com
- CNN edition.cnn.com/
- The Guardian www.theguardian.pe.ca
- LA times www.latimes.com
- 뉴욕타임스 www.nytimes.com
- 워싱턴 포스트 www.washingtonpost.com
- The Astana Times.

미주(END NOTES)

1) BBC NEWS, "China and Japan hold first security talks in four years", 19 March 2015.

2) 박성진, "테러 희생자 기억할 것" 파리 공화국광장서 추모 기념행사(종합). (파리=연합뉴스)

3) 이수지 "2차 세계대전 이후 최악의 기근 사태 발생" WP. 【서울=뉴시스】

4) W 문명. 위키백과.

5) 야후! 백과사전

6) a b Velkley, Richard (2002), "The Tension in the Beautiful: On Culture and Civilization in Rousseau and German Philosophy", Being after Rousseau: Philosophy and Culture in Question, The University of Chicago Press

7) 本鄕健『戰爭の哲学→전쟁의 철학』(原書房, 1978년) 46항―47항; W 전쟁 – 위키백과

8) W 전쟁 – 위키백과

9) [네이버 지식백과] 전쟁 [war, 戰爭] (두산백과), 2015년 11월 20일

10) [네이버 지식백과] 전쟁의 분류 (두산백과)

11) [네이버 지식백과] 전쟁 [戰爭] (한국민족문화대백과, 한국학중앙연구원).

12) [네이버 지식백과] 테러 [Terror] (군사용어사전, 2012. 5. 10., 일월서각)

13) [네이버 지식백과] 테러 [Terrorism, Terror] (국방과학기술용어사전, 2011., 국방기술품질원)

14) W 전쟁 – 위키백과.

15) [네이버 지식백과] 평화 [peace, 平和] (21세기 정치학대사전, 한국사전연구사)

16) 2007년 대한 성공회 서울교구 주일학교 교사 강습회 교재, '오소서. 오소서. 평화의 왕'; W 평화 – 위키백과.

17) 요한 크리스토프 아놀드, 이진권 역,《평화주의자 예수》, 산티, 2006년, W 평화 – 위키백과.

18) 《탐욕의 시대》/장 지글러 지음/양영란 옮김/갈라파고스 펴냄; 상게서.

19) NATE뉴스, "미 헤리티지재단 북한 핵·미사일·사이버전 실질적 위협" SBS 2015-02-25

20) 노효동, 美합참의장 "무력충돌 시 한반도에 국한 안 돼…초지역분쟁 확전", 2015-12-15. (워싱턴=연합뉴스)

21) 반종빈, 인공지진 발생, 2016-1-6, (서울=연합뉴스)

22) 조영빈, 北 3년만에 핵실험 '수소폭탄' 주장… 동북아 정세 충격파, 2016-1-6. (뉴스1)

23) 손원제, 북한 새 장거리 로켓 '광명성', 무엇이 달라졌나, 2016-2-7. (한겨레)

24) 김주성, 北, 정권수립일에 5.0 규모 5차 핵실험…軍 "10kt 위력 추정"(종합2보), 2016-09-09, (서울=연합뉴스)

25) 유지한, 北조선중앙TV "핵탄두 폭발 시험, 방사성 물질 누출 없어", 2016-9-9, (조선일보& Chosun.com)

26) 김효정, 北 "중장거리탄도탄 북극성 2형 발사 성공…새 핵전략무기"(종합) . 2017-02-13, (서울=연합뉴스)

27) 정이나, NATO "北, 핵·탄도미사일 활동 중단하라." 규탄, 2016-9-9, 뉴스1

28) 김지훈, 안보리 "새 대북제재 추진"…강력압박 반년 만에 원점, 뉴시스 2016-09-10. 서울= 뉴시스

29) 정진탄, 안보리 5개 상임이사국, 北 핵실험 규탄…"6자회담 공동성명 이행" 확인 2016-09-17, 서울=뉴스1

30) 윤영현, IAEA "북핵폐기 강력촉구"…만장일치로 결의채택, 2016-10-01, SBS

31) 김병수, 유럽의회, 북한핵실험 규탄 결의 채택…"북핵·미사일 폐기해야", 2016-10-28, 브뤼셀=연합뉴스

32) 권선미, 유럽연합, 대북 추가 제재… 석탄·철 등 광물 수입 금지, 2017-2-27, 조선일보

33) 김윤정, 유엔 안보리, 北 미사일 발사2 만장일치 규탄 (상보), 2017-02-14, 뉴스1

34) 심인성, 초강경 첫 美 대북제재법 공식 발효…오바마 서명(종합), 2016-02-19, 워싱턴=연합뉴스

35) 위 기사(심인성, 연합뉴스), 2016-02-19

36) 이용인, 오바마 새 대북 행정명령 발동…'대북제재법'보다 강력, 2016-3-17, 한겨레 워싱턴

37) 주희연, [속보]美재무부, 북한 '자금세탁 우려 대상국' 지정, 2016-6-1 조선닷컴

38) 노효동, 오바마 "북한은 비상하고 특별한 위협"…대북제재 1년 다시 연장, 2016-6-22, 워싱턴=연합뉴스

39) 심인성, 美국무부, 北기업과 개인 등 추가 제재…중-러 기업도, 2016-7-5, 워싱턴=연합뉴스

40) 정이나, 美, 개성공단 가동 중단 "국제사회 입장과 일치" 지지, 2016-2-11, 뉴스1

41) 김호준, '파국 국면' 접어든 남북관계…군사적 충돌 우려, 2016-2-12, 서울=연합뉴스

42) 이한승, 北 'WMD' 관련 단체 30개 · 개인 40명 금융제재…김영철 포함, 2016-3-8, 서울=연합뉴스

43) 이귀원 김호준 김효정, [단독]정부, 러시아에 '나진 · 하산 프로젝트 중단' 통보 2016-3-8, 서울=연합뉴스

44) W 개성공업지구 – 위키백과, 2017-02-10

45) 이상현, 북한 "모든 남측 자산 완전 청산" …조평통 담화, 2016-3-10, 서울=연합뉴스

46) 이용수, 김명성, 개성공단의 1조 넘는 南자산 먹겠다는 北, 입력 : 2016-3-11, 조선닷컴

47) 위 기사(조선닷컴, 2016-3-10)

48) 최은경, 북한, 동해상으로 미사일 발사…軍 추가발사 여부 주시 중 2016-3-21,

조선일보

49) 박성제, 안보리, "북한 탄도미사일 발사 강력 규탄" 언론성명 채택, 2016-3-19, 유엔본부=연합뉴스

50) 박성제, 안보리 "북한 SLBM 실험은 결의 위반"…언론성명서 강력규탄, 2016-4-25, 유엔본부=연합뉴스

51) 이상현, 北 "핵무기는 우리의 생명…제재·봉쇄 통하지 않아", 2016-4-30, 서울= 연합뉴스

52) 이상현, 北.중장거리 미사일 '화성-10' 시험발사 성공 선언…김정은 참관(종합), 2016-6-23, 서울=연합뉴스

53) 김화영 박성제, 유엔 안보리, 북 미사일 발사 관련 언론성명 채택…"강력 규탄"(종합), 2016-6-24, 유엔본부=연합뉴스

54) 김화영, 안보리, 北 잇단 탄도미사일 발사 규탄성명…"중대조치 취할 것"(2보), 2016-08-27, 유엔본부=연합뉴스

55) 문관현, 北김정은 "사회주의 위업완성의 새로운 이정표"…당대회 개회사(종합), 2016-5-7, 서울=연합뉴스

56) 조준형, 김정은, 노동당 위원장 취임…김일성 따라 당 중시, 2016-5-9, 연합뉴스

57) 박성제, [유엔 대북제재] 석탄수출 상한제·수출금지 광물 확대…北정권 실질 타격(종합), 2016-12-1, 유엔본부=연합뉴스

58) 김병수, EU, 안보리 결의따라 대북제재대상 개인 11명·기관 10곳 추가, 2016-12-9, 브뤼셀=연합뉴스

59) 안상현, [속보] 政 독자적인 대북제재 발표… 北 인사 및 기관에 대한 제재, 입력 : 2016-12-2, 조선일보 & Chosun.com

60) 연합뉴스, 美재무부, 고려항공 포함 단체 16곳—개인 7명 독자제재, 2016-12-03

61) 권성근, 트럼프정부, 첫 대량 대북제재…석탄기업과 개인 11명, 2017-04-01 서울=뉴시스

62) 신지홍, 김정은에 '인권 범죄자' 낙인…북미관계 최악 맞을듯, 2016-7-7(워싱턴=연합뉴스)

63) 박성제, 유엔총회 12년 연속 北인권결의안 채택…'김정은 처벌' 더 명확화(종합2보), 2016/11
/16, 유엔본부=연합뉴스

64) YTN뉴스, 美, 北 김여정도 인권 제재, 개인 7명·기관 2곳 추가 제재, 2017-01-12

65) 김혜지, 美 "北, 초법적 살인·처형 만연…가혹한 고문 지속", 2017-03-04, 뉴스1

66) 장용석, 日 '집단 자위권' 안보법제 발효… 전쟁 가능 보통국가 성큼, 2016-3-29, 뉴스1

67) 심인성, 케리 美국무의 마지막 경고…"북핵, 가장 중대한 위협 중 하나", 2017-1-6, 워싱턴
=연합뉴스

68) 정이나, 中 "북핵 중단…한미 연합훈련 중단, 실현가능 유일 방안" 2017-03-16, 뉴스

69) 김진방, 中환구시보 "북핵, 중국혼자 못 푼다"…美에 '공동책임론' 응수, 2017-03-17,
연합뉴스

70) SBS기사, 러, 틸러슨 대북 강경방침 비판…"정치외교적 해결 외 대안 없어", 2017-03-18.

71) 전석운, 美 의회, 北 돈줄 차단… 초강력 제재법안 발의, 2017-03-22, 워싱턴 국민일보

72) 지성림, 美국무부 "北 테러지원국 재지정, 모든 증거 검토" 2017/04/05, 서울=연합뉴스

73) 고미혜 이준서, "군사옵션은 후순위로"…트럼프 '경제·정치압박' 대북정책 승인(종합) 2017
-04-12, 서울=연합뉴스

74) W: 남중국해의 영토 분쟁-위키백과 2016-11-11.

75) Will Englund, "Beijing's power play in the South China Sea may be killing coral reefs,"
The Washington Post, Tuesday, May 12, 2015.

76) 김문성, 케리 美국무, 中 겨냥 "남중국해 항해 제한 용납 안 해", 2015-08-06, 하노이=

연합뉴스

77) 정주호, 中 "국제협약 가입도 안한 미국이 무해통항권 주장", 2015-10-29, 상하이=

연합뉴스

78) 진병태, 中국방부 "남중국해 인공섬 방위시설은 합법" 2016-2-24, 베이징=연합뉴스

79) 손미혜, 中, 日 등 G7 대사 초치…G7 해양안보성명 채택 항의, 2016년 4월 13일, 뉴스1

80) 조준형 이세원, G7 정상선언 "北 추가 핵실험·미사일 발사 말라." 경고, 2016-5-26, 도쿄

이세시마=연합뉴스

81) 정은지, 中, 日 남중국해 이슈화에 "G7 기회 틈타 허튼 수작", 2016-05-25, 뉴스

82) 이재준, 중국, 남중국해 시사군도서 대형 항만공사…군사기지화 가속, 2017-03-15일, NEW

SIS

83) 노효동 홍제성, 美국방부 "中 해양영유권 주장 과도" 비판…中 "패권논리" 반발(종합), 201

6-4-26, 워싱턴·베이징=연합뉴스

84) 정은지, 美 국방부 "中, 남중국해서 '고압적 전술' 사용", 2016-5- 14, 뉴스1

85) 정은지, 美 해군 사령관 "남중국해에서 순찰 지속", 2016-7-20, 뉴스1

86) Freedom of navigation (FON), 2016-10-22,07:53

87) 심인성, 美 남중국해서 '항행의 자유' 작전 재개…中 "불법-도발적" 반발, 2016-10-22,

워싱턴=연합뉴스

88) 최평천, 김문성·이준삼, 남중국해 분쟁 국제재판소行…中 "권리침해·무효" 반발(종합2

보), 2015-10-30, 서울·하노이·베이징=연합뉴스

89) 손미혜, PCA "中 남중국해 영유권 주장 무효…국제법 위배"(상보), 2016-7-12, 뉴스1

90) 손미혜, "PCA 판결 효력 없다"…中 남중국해 '주권' 비타협 고수, 2016-7-12, 뉴스1

91) 서울신문 [中 '남중국해 영유권' 패소 판결] 中 남중국해 1급 전쟁준비태세…판결 후 더

거세진 분쟁 파도 2016-07-13

92) ※일본이 조사한 바에 따르면 석유와 천연가스 매장량은 77억 톤으로 일본이 100년
사용할 수 있는 규모이다. (경향신문 2015/09/15)

93) 신동주(베이징), '패권경쟁' 中 · 日 군사력 강화 점입가경, 세계일보 2015-11-29

94) 정주호, 동중국해 中日 해상전력 역전…中 경비함 2배 육박, 2016-6-8, 상하이=연합뉴스

95) 이세원, 연합훈련 vs 항행의 자유…中日 동중국해 갈등 격화(종합), 2016-6-16, 도쿄=
연합뉴스

96) 장용석, 센카쿠 해상에 中해경선 · 어선 230여 척…日정부 '항의' 2016-08-06, 서울=뉴스1

97) 배상은, 中해경선 4일째 센카쿠 접속수역 진입…아베 "단호 대처", 2016-8-8, 뉴스1

98) 이재준, 일본, 중국 센카쿠 침공 막기 위한 수륙기동단 창설 돌입, 2017-03-28, 서울=
뉴시스

99) [네이버 지식백과] 러시아의 크림반도 합병(2014) (시사상식사전, 박문각), 2015-11-25.

100) 손미혜, 러, 美 '크림반도 반환' 요구에 "영토 포기 않는다", 2017-02-15, 뉴스1

101) (뮌헨 AFP=연합뉴스), 우크라 정부군~친러시아 반군, 20일부터 휴전 합의, 2017-2-19

102) 유철종, "우크라 분쟁 3년 동안 우크라인 희생자 1만 명 육박", 2017-02-21, 모스크바=
연합뉴스

103) 이준규, 美, 우크라 관련 개인 · 기업 34개 추가 제재…러 "유감", 2015-12-23, 뉴스1

104) 송병승, 나토, 러시아 군사위협 봉쇄 · 대화 병행 전략 추진, 2016-5-20, 브뤼셀=연합뉴스

105) 유철종, G7 정상 "대러 제재 유지, 필요하면 추가 제재"(종합), 2016-5-27, 모스크바=
연합뉴스

106) 정은지, EU, 러의 크림반도 병합 제재 1년 연장, 2016-6-17, 뉴스1

107) 유철종, 미 상무부도 우크라 사태 관련 對러시아 제재 확대(종합), 2016-9-7 모스크바=

연합뉴스

108) "오바마가 IS를 다에시로 부른 까닭은?". 조선일보. 2015-11-17.

109) 한상용, [단독](인터뷰) 중동전문가 "IS, 유럽 잇단 테러로 종교전쟁 몰고 가", 2016-3-23, 카이로=연합뉴스

110) 강훈상, "IS, 5월 기록적 자폭 테러…한 달간 119건." 2016-6-9, 테헤란=연합뉴스

111) 한상용, IS 국가선포 2년…전 세계 '소프트 타깃' 테러로 공포 확산, 2016-6-29, 카이로=연합뉴스

112) 한상용, IS 조직도 공개 "세계 12개국에 본부·지부…7개국엔 비밀부대" 2016-7-3, 카이로=연합뉴스

113) 김선한, "IS 관련 테러로 13년간 3만3천 명 숨져…테러 사망자 26% 해당", 2016/08/1, 서울=연합뉴스

114) Willsher, Kim (7 January 2015). "Satirical French magazine Charlie Hebdo attacked by gunmen". The Guardian, 7 January 2015에 확인. 샤를리 에브도 테러, 위키백과, 2016-1-1.

115) 김혜경, 파리 테러, 사망자 129명·부상자 352명…부상자 99명 중태, 2015-11-15, 파리=AP/뉴시스

116) 이지은, 'IS 격퇴' 국제사회 전면전 채비…안보리 결의안 통과 JTBC 2015-11-21, JTBC

117) 한미희, 佛대혁명기념일 니스 트럭테러로 77명 사망…파리테러 후 최악(종합2보), 2016-7-15, 서울=연합뉴스

118) 황정우 박성진 김정은, 佛 내무 "니스 테러범, 매우 빨리 급진화"… IS 배후 자처(종합3보), 2016-7-16, 런던·니스·서울 =연합뉴스

119) 박성진, 이광철, IS, 프랑스 성당 테러공격 충격…미사 집전 86세 신부 잔혹 살해(종합5보), 2016년 7월 27일 오전, 파리=연합뉴스

120) 박성진, 프랑스 정부, 테러 국가비상사태 내년 7월까지 연장 추진, 2016-12-10, 파리=연합뉴스

121) 송병승, 브뤼셀 공항·지하철역 동시다발 자폭테러·폭발로 27명 사망(종합), 2016-3-22, 브뤼셀=연합뉴스

122) 강건택, 'IS의 보복' 브뤼셀 연쇄테러 사망자 34명으로…용의자 수배 2016-3-23, 서울=연합뉴스

123) 권혜진 IS, 런던테러 배후 자처…"비밀부대가 저질렀다." 주장 2017/06/05 연합뉴스

124) 고형규 김경윤, 獨뮌헨 쇼핑몰 총기난사 테러로 9명 사망…단독 용의자 자살, 2016-7-23, 베를린·서울=연합뉴스

125) 이유진, 이번엔 '자폭'. 독일 남부 안스바흐에서 시리아 난민 청년 폭발물 터뜨려 사망, 2016-07-25, 경향신문

126) 정진탄, IS "獨 안스바흐 자폭범은 IS의 군인", 2016-7-26, 뉴스1

127) 장현구, 獨베를린서 '트럭 테러'로 최소 9명 사망·50명 부상, 2016-12-20, 베를린 AP·AFP=연합뉴스

128) 윤지원, 獨트럭 테러 공범 3명 튀니지서 체포…아므리 조카 포함, 2016-12-25, 뉴스1

129) 이경민, [속보]러 상트페테르부르크 지하철서 테러 추정 폭발로 최소 10명 사망, 2017-4-3, 조선일보 & Chosun.com

130) 유철종, "러 지하철 폭발 자폭테러 유력…중앙아 출신 23세 남성 용의자", 2017-04-04, 모스크바=연합뉴스

131) (스톡홀름 AP·AFP·dpa=연합뉴스), 스웨덴서도 트럭 테러…스톡홀름 번화가 돌진해 최소 3명 사망(종합2보), 2017-04-07

132) 고형규 이광철, '스웨덴 테러' 용의자 39세 우즈벡 출신…폭탄 의심 장치 나와(종합), 2017

-04-08, 베를린 제네바=연합뉴스

133) 강훈상, IS의 글로벌화 전략…어디서나 충성맹세 하면 '칼리파 전사', 2016-6-13, 테헤란=
연합뉴스

134) [네이버 지식백과] 9·11 테러 (중동의 재조명(국제정치), 2011. 5. 2., 한울아카데미), 2015-1
1-22

135) W 911테러 – 위키백과 2017-04-07.

136) W 보스턴 마라톤 폭탄 테러 – 위키백과 2017-04-07

137) W Curtis Culwell Center attack, Wikipedia 2017-01-30

138) 김종우, 美 LA동부 장애인시설서 총기난사…최소 14명 사망, 2015-12-3 로스앤젤레스=
연합뉴스/msn뉴스

139) 노효동 김지연 한미희, 올랜도 총기난사 최소 50명 사망…美사상 최악 총기참사(종합4보),
2016-06-13, 워싱턴·서울=연합뉴스

140) 김종우, 美 FBI, 올랜도 총기난사 사건 '자생 테러'로 결론, 2016-06-14, 로스앤젤레스=
연합뉴스

141) "Aaron Driver, who pledged allegiance to ISIS, was planning 'imminent' attack, police sa
y". CBC News. 11 August 2016. Retrieved 26 September 2016.; W Terrorism in Canada Wiki
pedia 2017-01-31 17:27

142) 김지연 김보경, 캐나다 퀘벡 모스크서 총격으로 5명 사망…트뤼도 "비열한 공격"(종합), 20
17-01-30, 서울=연합뉴스

143) 2010년 국제통화기금 기준. 세계은행의 자료에 따르면 2009년 GDP 2위는 일본이었다.(W
중화인민공화국 – 위키백과) 2017-04-07

144) W 중화인민공화국, 위키백과, 2016-03-25

145) [네이버 지식백과] 중국 분리운동(티베트, 위구르, 네이멍구) (KIDA 세계분쟁 데이터베이스) 2016-03-4.

146) 상게서

147) 조성대, 중국 군·경, 신장자치구 탄광테러 용의자 17명 폭살, 2015-11-19, 서울=연합뉴스

148) 한미희, 중국 언론 "신장 탄광테러는 지하디스트 소행" 2015-12-17, 서울=연합뉴스

149) 2015년_방콕_폭탄_테러#cite_note-bbc-1, 2015-11-24

150) 현경숙, 태국, 방콕 '에라완 사원' 테러 용의자 2명 기소, 2015년 11월 24일, 방콕=연합뉴스

151) 현경숙, 태국 방콕 힌두사원 테러 용의자 2명 터키서 체포돼 2015-12-4, 방콕=연합뉴스

152) 김상훈 고미혜, 자카르타 도심 스타벅스 등서 '자폭테러' 6명 사망…"IS 가능성" , 2016-1-14, 방콕·서울=연합뉴스

153) 황철환, 인니 경찰서 겨냥 자폭 공격…IS 연계조직원 추정(종합2보), 2016/07/05, 자카르타=연합뉴스

154) 황철환, 인니서 테러용의자 3명 총격전 끝 사살…폭발물 다수 발견, 2016-12-21, 자카르타=연합뉴스

155) 위 기사(황철환, 자카르타=연합뉴스), 2016-12- 29

156) 권혜정, '김정남 암살' 北 용의자 5명…조력자 등 최소 10명 관여(종합), 2017-02-19, 쿠알라룸푸르=뉴스1

157)1 권혜정, '김정남 암살' 北 용의자 5명…조력자 등 최소 10명 관여(종합), 2017-02-19, 쿠알라룸푸르=뉴스1

158) 김상훈 황철환 김문성 리정철 범행부인·주범 평양 도피…김정남 암살 배후 확인 '난항', 2017-02-20, 쿠알라룸푸르·하노이=연합뉴스

159) 황철환, 말레이경찰청장 "VX가스는 화학무기로 출처 조사 중"…北 언급 피해, 2017-02-2

4. 쿠알라룸푸르=연합뉴스

160) 김윤정, 필리핀군 "IS 추종 이슬람 무장세력 소탕작전 개시" 2016-11-28, 뉴스1

161) 윤지원, 방글라데시 힌두교 행사에서 폭탄 공격…6명 사망, 2015년 12월 5일 토요일, 뉴스1

162) 나확진, 방글라 외교가2 식당 테러로 인질 20명 사망…한국인 없어(종합3보), 2016/07/03,
뉴델리=연합뉴스

163) 김상훈, 유엔 "미얀마, 로힝야 무장세력 토벌로 피란민 3만 명 발생", 2016-11-19, 방콕=
연합뉴스

164) 김상훈, 유엔 "로힝야 학살은 반인권 범죄"…아웅산 수치 압박, 2016-11-30, 방콕=
연합뉴스

165) 김상훈, 방글라, 미얀마에 "로힝야족 난민 데려가라" '난민 떠넘기기', 2017-1-12, 방콕=
연합뉴스

166) 윤지원, 미얀마측 조사위, 로힝야족 학살 보고한 UN 조사 부인 2017-02-07, 뉴스1

167) ※2011년 종교 공동체별 인도 인구조사 : 인도령 카슈미르의 인구 689만 명 중 무슬림이
96.4%에 달한다. 2016-09-22

168) 조인우, 인도, 열차 테러 용의자 사살…"최초 IS연계 테러 추정", 2017-03-08, 러크나우=
AP/뉴시스

169) 윤지원, 카슈미르 인도 군기지 무장괴한 급습…군인 17명 사망, 2016-09-18, 서울= 뉴스1

170) 나확진, 인도령 카슈미르서 학교 겨냥 연쇄 방화…석 달 새 27곳 불타, 2016/11/02, 뉴델리
=연합뉴스

171) 나확진, 파키스탄탈레반 또 학교 테러…최소 21명 사망, 50명 부상(2보), 2016/01/20,
뉴델리=연합뉴스

172) 정이나, 변호사 암살하고 추모객 모이자 폭탄테러…95명 사상, 2016년 8월 8일, 뉴스1

173) 이희경, 파키스탄 경찰대학 총격 테러…59명 사망 · 116명 부상, 2016-10-25, 세계일보

174) 정진탄, 파키스탄서 탈레반 자폭테러…최소 13명 사망 · 82명 부상, 2017-02-14, 뉴스1

175) W 카슈미르 -위키백과 2016-11-23

176) 김병수, 나토, 내년까지 아프간군 훈련지원 · 2020년까지 재정지원, 2016-07-10, 브뤼셀=
연합뉴스

177) W War_in_Afghanistan_ - wikipedia #Islamic_Republic_and_NATO, 2015/8/21

178) 나확진, 아프간 탈레반 폭탄테러 사망 64명 · 부상 347명으로 늘어 2016/04/20, 뉴델리=
연합뉴스

179) 김아람, '끝모를 내전' 아프간 3년간 국내 피란민 120만 명, 2016-6-1, 연합뉴스

180) 나확진, 아프간 정부 통제권 국토 3분의 2에도 못미쳐…탈레반 세력 확대, 2016/10/31,
뉴델리=연합뉴스

181) Walsh, Declan; Nordland, Rod (10 September 2013). "Pakistan May Release Taliban Co
mmander to Aid Afghan Peace Talks". The New York Times. Retrieved 29 January 2014.;
검색 2016-2-3, 2016-01-04.

182) 심인성, 오바마, 아프간에 미군 8천400명 잔류시킨다…철군 재조정(종합), 2016/07/07,
워싱턴=연합뉴스

183) 이수지, 미 아프간 대형 폭탄 투하로 IS 36명 사망, 2017-04-14, 서울=뉴시스

184) 차미례, 수수께끼 아프간 테러, 사망 90명 부상 400명으로 늘어, 정부 치안능력 의심, AP/
뉴시스, 2017-06-01

185) W 이라크 내전 (2014년-현재) 위키백과 2017-04-11

186) 배수경, [IS 대해부] ①'세계의 주적'으로 부상한 IS…뿌리는 '사담 후세인' 2015-02-04,
이투데이 이슬람_국가_(단체)#cite_note-24 2017-04-11

187) 정지섭 "오바마가 IS를 '다에시'로 부른 까닭은?". 조선일보, 2015년 11월 17일. 이슬람_국가_(단체)#cite_note-25 2017-04-11, CHOSUN.COM

188) 김윤정, IS 테러로 얼룩진 이라크 새해…하루새 약 60명 사망, 2017-1-3, 뉴스1

189) 신지홍, 바그다드 안팎 연쇄 차량폭발 테러…60여 명 사상, 2017-1-6, 바그다드 AP=연합뉴스

190) 노석조, 달라진 미국… "시리아서 IS 격퇴" 첫 지상軍 전투, 2017.03.24, chosun.com

191) 황정우, 시리아·이라크 내 영국군 공습으로 IS 전사 1천 명 사망, 2016-4-30, 런던=연합뉴스

192) 윤지원, 佛 IS 격퇴전 군사 지원 강화…샤를드골 항공모함 투입, 2016-7-22, 뉴스1

193) 강훈상, 터키, '美 용인' 모술 탈환전서 첫 군사개입… "포사격 개시", 2016-10-24, 테헤란=연합뉴스

194) 강훈상, "IS, 5월 기록적 자폭 테러…한 달간 119건", 2016-6-9, 테헤란=연합뉴스

195) 정광훈, IS 작년 점령지 23% 상실…수도 락까는 난공불락, 2017-1-19, 서울=연합뉴스

196) 하채림 김지연, 시리아 정부, 4년 만에 알레포 탈환·전면 재장악(종합3보), 2016/12/23, 이스탄불·서울=연합뉴스

197) 한상용, 시리아 내전 5년…'피의 보복' 악순환에 25만 명 사망, 2016-03-13, 카이로=연합뉴스

198) 얽히고설킨 '시리아 사태'…어쩌다 이 지경까지 왔나? JTBC, 2015.10.1.; W 시리아 내전 – 위키백과 2017-3-25

199) 한상용, 시리아 내전 5년…'피의 보복' 악순환에 25만 명 사망, 2016-3-13, 카이로=연합뉴스

200) 김수진, 앰네스티, 5년간 1만3천 명 사형한 시리아 '인간 도살장' 고발, 2017-02-07, 서울

=연합뉴스

201) 김혜지, 美 "시리아 정권 화학무기 사용, 국제법 도전" 규탄, 2016-10-23, 뉴스1

202) 김병수, 화학무기금지기구 "IS, 시리아서 겨자가스 직접 생산해 사용", 2016-11-19, 브뤼셀
=연합뉴스

203) 고미혜, 김남권, 美 '화학무기 사용' 시리아군 비행장에 미사일 59발 폭격(종합2보), 2017-
04-07, 서울=연합뉴스

204) 손미혜, 美 백악관 "러 '시리아 화학무기 공격' 알고도 숨겼다", 2017-04-12, 뉴스1

205) "Untangling the Overlapping Conflicts in the Syrian War". The New York Times. 18 Octo
ber 2015. Retrieved 19 October; 2015.; 2016년 3월 2일 확인.

206) BBC News, "Syria conflict: Nato warns Russia on air strikes," Tuesday October 6, 2015.

207) (모스크바 AFP · AP=연합뉴스), 푸틴, 시리아에서 러시아군 주요병력 철수 명
령(종합), 2016/03/15

208) 장재은, "북한군 2개 부대, 시리아서 알아사드 위해 전투", 2016/03/23, 서울=연합뉴스

209) "Airstrikes 2Hit ISIL Terrorists in Syria, Iraq". U.S. Department of Defense. 30 September
2015. Retrieved 1 October 2015.; W Syrian Civil War - Wikipedia, 2017-3-19

210) 노석조, 달라진 미국… "시리아서 IS 격퇴" 첫 지상軍 전투, 2017.03.24, chosun.com

211)2571-over-150-raids-carried-out-across-france-as-hollande-declares-war-against-ter
rorism/; 2016-03-17. 확인

212) 김용래, 佛 핵항모 샤를드골, IS 격퇴전 마치고 정비 돌입…'1년 반 휴식', 2017-02-25,
파리=연합뉴스

213) 이준규, 英 시리아 내 IS 첫 공습 완료…의회 승인 수시간 만(상보), 2015-12-3, 뉴스1

214) 황정우, 영국 의회, 시리아 IS 공습 승인…"3일 공습개시 가능", 2015-12-3, 런던=

연합뉴스

215) 정이나, 네덜란드, 이라크 이어 시리아에서 IS 공습 동참, 2016년 1월 30일 토요일, 뉴스1

216) 손미혜, EU, 시리아 사태 관련 고위관료 10명 추가제재, 2016-10-27 뉴스1

217) Lundgren, Magnus (2016). "Mediation in Syria: initiatives, strategies, and obstacles, 2011-2016". Contemporary Security Policy. 37: 273-288.; W Syrian peace process - Wikipedia

218) "Syria conflict: Rebels agree to attend Astana peace talks". BBC., W Syrian peace process - Wikipedia

219) 한상용, 터키 언론 "터카-러시아, 29일 0시부터 시리아 전역서 휴전"(종합), 2016/12/28, 카이로=연합뉴스

220) 김화영, 유엔 안보리, 시리아 휴전 지지 결의안 채택, 2017/1/1, 04:58, 유엔본부=연합뉴스

221) "Syria conflict: Ceasefire agreed, backed by Russia and Turkey". BBC World News. 29 December 2016. Retrieved 29 December 2016.; W Syrian Civil War - Wikipedia

222) "Russia takes power-broking role as Syria peace talks to begin in Astana." The Guardian: ibid(Wikipedia)

223) "What Should One Expect from the Syrian Peace Talks in Astana?". New Eastern Outlook: ibid(Wikipedia).

224) ibid(Wikipedia)

225) "Syria's warring sides brought together for Geneva talks" BBC. 23 February 2017. ibid (W Syrian peace process - Wikipedia)

226) "Kazakhstan welcomes results of Syria meeting in Astana." The Astana Times 17. March, 2017; W Syrian peace process - Wikipedia 2017-03-26

227) ibid(The Astana Times, 2017-03-17)

228) 김준억 유철종, 터키, 시리아 국경서 러시아 전투기 격추…영공 침범, 2015-11-24,

이스탄불 · 모스크바=연합뉴스

229) 김남권, 터키 이스탄불 번화가서 자폭테러…"최소 5명 사망"(종합2보), 2016-03-19, 서울

=연합뉴스

230) 김남권, 터키서 대형 자폭테러 8개월간 6차례…210여 명 숨져 2016/03/20, 서울=

연합뉴스

231) 하채림 한미희, 이스탄불 공항 자폭테러 36명 사망…IS건국 2년 연쇄테러 비상(종합4보),

2016-6-29, 이스탄불 · 서울=연합뉴스

232) 유철종 하채림, 주터키 러시아대사 터키 경찰관에 저격당해 사망, 2016-12-20, 모스크

바 · 이스탄불=연합뉴스

233) 김수진, 새해맞이 수백 명에 산타복장 괴한 난사…"공포속 바다로 점프," 2017/01/01, 서울

=연합뉴스

234) 손미혜, IS, 39명 사망 이스탄불 총격 테러 배후 주장(상보), 2017년 1월 2일, 뉴스1

235) 강건택, 사우디등 이슬람권 34개국, 反테러 군사동맹…"서방과 협력", 2015/12/15, 서울=

연합뉴스

236) 안소영, IS, 또 사우디에서 폭탄 테러...나토 "IS 격퇴에 AWACS 투입" 2016-07-05, YTN

237) YTN뉴스, 요르단 관광지에서 총격 사건...캐나다 관광객 등 10명 사망, Posted : 2016-12-1

9

238) 남북통일 22년 만에…예멘, 다시 분단 위기; W 예멘 – 위키백과 2017-03-08

239) 예멘 남부서 분리독립 요구 수만명 시위(연합뉴스, 2013-01-14); ibid(wikipedia)

240) 예멘 반군 권력 접수…의회 해산 · 임시 헌법 선포, 연합뉴스 2017-03-08

241) '내전 피신' 예멘 대통령 8개월 만에 사우디서 귀국

(연합뉴스 2015-11-17); 상게서(위키백과 W 예멘 - 위키백과, 2017-03-08)

242) 강훈상, '잊혀진 전쟁' 예멘 내전 1년…중동 패권 다툼에 국민만 고통 2016/03/25, 두바이
=연합뉴스

243) 위 기사 (연합뉴스 강훈상), '잊혀진 전쟁' 예멘 내전 1년. 2016/03/25

244) 한미희, 예멘 반군 장례식장에 사우디군 폭격…CNN "최소 155명 사망" 2016-10-9, 서울
=연합뉴스

245) 김화영 김수진, '피란민 300만 명' 예멘 19일 밤부터 72시간 휴전, 2016-10-18, 뉴욕·
서울=연합뉴스

246) 강훈상, '커피향 대신 피비린내'…예멘 모카항서 전투 격렬, 2017-01-29, 테헤란=연합뉴스

247) 장용석, 트럼프 취임 후 첫 군사작전서 미군 1명 사망, 2017-1-30, 뉴스1

248) W 소말리아 - 위키백과 2017-03-08

249) Politics, language, and thought: the Somali experience - Page 135; 소말리아#cite_note
-17 2017-3-8.

250) W 소말리아 내전 - 위키백과 2017-03-08

Hundreds of thousands killed in years of war, says new president

251) W 소말리아 - 위키백과 2017-03-08

252) 김지연, 알샤바브, 소말리아 해변식당 총격·폭탄테러…20명 이상 사망(종합), 2016/01/22,
서울=연합뉴스

253) (모가디슈 AP · AFP=연합뉴스), 소말리아에서 이슬람 극단주의 테러로 최소 14명 사망
(종합2보), 2016/06/26

254) 한상용, 알샤바브, 소말리아 주둔 평화유지군 기지 공격…13명 사망, 2016-07-27, 카이로

=연합뉴스

255) 고미혜 한상용(서울 · 카이로=연합뉴스) 미군, 소말리아 드론 공습…"알샤바브 대원 150명 사살"(종합2보) 2016/03/08

256) W 케냐 - 위키백과 2017-03-09

257) 김지연, 알샤바브, 소말리아 해변식당 총격 · 폭탄테러…20명 이상 사망(종합), 2016/01/22, 서울=연합뉴스

258) W 튀니지 - 위키백과, 2017-03-28

259) 한상용, 튀니지서 대통령 경호원 버스 폭탄 공격…12명 사망(종합3보), 2015/11/25, 카이로 =연합뉴스

2260) [리비아 대법원, 6월 총선 위헌 판결; W 리비아 - 위키백과 2017-03-38

261) W 리비아 - 위키백과, 2017-03-28

262) 한상용, 미국 전투기, 리비아 내 IS 공습…"40명 사망", 2016/02/19, 카이로=연합뉴스

263) 황철환, "美특수부대, 리비아 현지서 '반IS' 무장세력 규합", 2016-5-13, 서울=연합뉴스

264) 정은지, "美 특수부대, IS 거점 리비아 시르테서 첫 작전", 2016-8-10, 뉴스1

265) 이집트, 반 무르시 시위 전국 확산(아시아 경제, 2013-02-02); W 이집트 - 위키백과

266) W 이집트 - 위키백과 2017-03-28

267) 한상용, 이집트 카이로 콥트교회 예배 중 폭탄 피격…25명 사망(종합), 2016-12-11, 카이로 =연합뉴스

268) 김화영, 안보리, 예루살렘 트럭 돌진 공격 규탄성명…"테러는 범죄", 2017/01/10, 유엔본부 =연합뉴스

269) 김선한, "미국, 아프리카 내 두 번째 상주 군기지 추진 중", 2016/05/18, 서울=연합뉴스

270) (다카소예〈나이지리아〉 AP AFP=연합뉴스), 나이지리아 북부서 자폭테러…최소 21명 사망

(종합) 2015/11/28.

271) 장용석, 나이지리아서 10대 자살폭탄 테러… 10여 명 사망, 2016년 1월 30일 토요일, 뉴스1

272) 박성진 (파리=연합뉴스), 올랑드 프랑스 대통령 "테러단체 보코하람 여전히 위협적", 2016
/05/15

273) 장용석 (뉴스1), 나이지리아군 "보코하람 납치 치복 여학생 추가 구출", 2016/11/06.

274) 윤지원, 나이지리아군, 보코하람 최후 거점지 함락…"숨을 곳 없다", 2016-12-24, 서울=
뉴스1

275) 한상용, 나이지리아 대학서 어린이 동원 자폭공격…교수·학생 6명 사망, 2017/01/16,
카이로=연합뉴스

276) 한상용, 카메룬 이슬람사원서 자폭 공격…최소 12명 사망, 2016/1/13, 카이로=연합뉴스

277) (야운데〈카메룬〉 AP=연합뉴스), 카메룬 북부서 자폭 테러…최소 35명 사망·65명 부상
(종합2보), 2016/01/26

278) 우만권, 카메룬 북부서 여성 2명 자폭 테러…최소 19명 사망(종합), 2016/02/20, 나이로비
=연합뉴스

279) 정이나, 민주콩고 부족간 유혈충돌…성탄절 후투족 13명 사망, 2016-12-26, 뉴스1

280) 우만권, 민주콩고서 정부군-반군 교전에 사흘간 16명 사망, 2017-02-24, 나이로비=
연합뉴스

281) 김경윤, 말리호텔 인질테러 종료 공식발표…19명 사망·테러범 2명도 사살, 2015-11-21,
서울=연합뉴스

282) 한상용, 아프리카 말리 군기지서 자폭 공격…최소 50명 사망, 2017/01/18, 카이로=
연합뉴스

283) 박성제 김지헌 (뉴욕·서울=연합뉴스), 부르키나파소 고급호텔서 알카에다 인질극…"최소

20명 사망"(종합2보), 2016/01/16

284) 김수진, 부르키나파소 인질극 진압…최소 23명 숨지고 126명 풀려나, 2016/01/16, 서울=연합뉴스

285) 고미혜 (서울=연합뉴스), 코트디부아르 휴양지서 알카에다 총격 테러…22명 사망(종합2보), 2016/03/14

286) W 남수단 내전 - 위키백과 2016-11-19

287) "UN: Over one million displaced by South Sudan conflict". BBC News. 29 March 2014.; W South Sudanese Civil War - Wikipedia 2016-11-20

288) "UN:refugees from South Sudan cross 1.5m mark". Al Jazeera. 11 February 2017.; W South Sudanese Civil War - Wikipedia 2017-03-30

289) 콜롬비아, 위키백과 2016-10-15

290) "War and Drugs in Colombia - International Crisis Group". Crisisgroup.org. (검색 불가 2017/3/30).; W 콜롬비아 분쟁 - 위키백과 2017-03-30

291) 김혜지, 콜롬비아 평화협정 가결…반세기 내전 마침내 마침표, 2016-12-1, 뉴스1

292) "'삶의 질' 1위 호주… 한국 24위". 동아일보. 2012년 5월 24일; W 오스트레일리아 - 위키백과, 2017-03-30

293) W Terrorism in Australia - Wikipedia

294) 김기성, 성탄절 호주 멜버른 도심 동시다발 테러모의 적발…7명 체포, 2016-12-23, 시드니=연합뉴스

295) 김지연, IS, 알카에다, 탈레반까지…'테러 경쟁'에 몸살 앓는 지구촌, 2016-03-28, 서울=연합뉴스

296) W 테러와의 전쟁 - 위키백과

297) Shinkman, Paul D. "Obama: 'Global War on Terror' Is Over". U.S. News & World Report (2013-05-23); W 테러와의 전쟁 – 위키백과

298) 김세진, 美 국무부, 올해도 테러지원국서 북한 제외…8년째(종합), 2016-6-3. 워싱턴= 연합뉴스

299) W 알카에다 – 위키백과 2017-03-31

300) W 탈레반 – 위키백과 2017-03-31

301) 상계서(위키백과)

302) [이투데이 배수경], [IS 대해부] ①'세계의 주적'으로 부상한 IS. 뿌리는 '사담 후세인' 2015-02-04 국가(단체) – 위키백과

303) 정지섭 (chosun.com), "오바마가 IS를 '다에시'로 부른 까닭은?". 조선일보. 2015년 11월 17일; w 이슬람 국가(단체) – 위키백과 2017-04-01

304) 손미혜, IS 테러 준동 "지난 2년간 전 세계 92건 1,200여 명 사망", 2016-6-14, 뉴스1

305) Tomi Oladipo(BBC, Lagos), "Africa blog: Islamic State strengthens ties with Boko Haram". 《BBC News》. 24 April 2015; W 보코하람 – 위키백과

306) 유엔 안보리, '보코하람' 테러 단체 지정 VOA뉴스 2015-5-23

307) W 캅카스 에미레이트 – 위키백과 2017-3-31일

308) Tanton, John (2002). The Social Contract. p. 42. W War – wikipedia

309) "Bush likens 'war on terror' to WWIII." ABC News Online – Abc.net.au. 6 May 2006. ; 2016-03-08

310) fight-against-islamic-state-is-world-war? ibid(wikipedia)

311) 양태삼, 유엔 "남수단 인종청소 우려…마을소각 · 성폭행이 전쟁무기," 2016-12-2, 서울= 연합뉴스

312) 김상훈, 말레이–미얀마, '인종청소' 항의집회 총리 참석 두고 설전, 2016–12–3, 방콕=연합뉴스

313) 장재은 , "지구촌 집단학살 위험 10년 만에 증가세" , 2017–04–13 서울=연합뉴스

314) W 데탕트 – 위키백과   2016–02–27

315) Shuster, Simon, "Exclusive: Gorbachev Blames the U.S. for Provoking 'New Cold War'", TIME, 2016/2/27 확인

316) 정은지, 러시아 총리 "나토 '러'에 비우호적…신냉전 시대 진입" 2016–2–13, 뉴스1

317) 배병우, '新냉전' 나토 · 러, 발트연안서 군사력 증강 경쟁, 2016–5–6, 국민일보

318) 김선한, 美, 러시아 견제 위해 유럽에 육군 병력 6천여 명 파견, 2016–11–4, 서울=연합뉴스

319) 강영두 김남권 , 트럼프 · 푸틴 "핵능력 강화"…냉전 '핵경쟁 망령' 부활 우려, 2016–12–23, 워싱턴 · 서울=연합뉴스

320) 이용인, 미, 대선 개입 맞서 러시아 외교관 35명 추방…냉전의 데자뷔? , 2016–12–30 워싱턴, 한겨레

321) 유철종, 푸틴 "對러 제재에도 美 외교관 맞추방 않을 것"…보복제재 유보(종합2보), 2016–12–30, 모스크바=연합뉴스

322) "Article 2" (PDF), The United Nations Framework Convention on Climate Change, 2017–04–09

323) W United Nations Framework Convention on Climate Change – Wikipedia 2017–03–13 13: 02

324) 1997년 12월 11일 교토회의 제3차 당사국 총회 COP3에서 채택, 2005년 2월 16일 발효 (위키백과)

325) W 기후변화에 관한 유엔 기본 협약 – 위키백과

326) W United Nations Framework Convention on Climate Change – Wikipedia 2017-03-13
13: 02
https://en.wikipedia.org/wiki/United_Nations_Framework_Convention_on_Climate_Change

327) 2015 United Nations Climate Change Conference, https://en.wikipedia.org/wiki/2015_Unit
ed_Nations_Climate_Change_Conference, 12/13/2015

328) 박성진, 파리 기후총회 최종 합의문 마련…"온도상승 2℃보다 훨씬 작게", 2015-12-12,
연합뉴스

329) 위 기사(박성진, 연합뉴스), 2015년 12월 12일.

330) 맹하경, 新 기후체제 '파리협정' 온실가스와의 전쟁…국내 산업계 영향은. 2015년 12월 13
일 뉴스1

331) 김화영, 파리기후협정 서명 본격 돌입…유엔본부서 당사국 서명식 2016/04/22, 유엔본부=
연합뉴스

332) 박성제 양태삼, 파리기후변화협정 내달 4일 발효…"지구사 전환점 되는 날," 2016-10-6,
유엔본부 · 서울=연합뉴스

333) 김보경, 파리협정 공식 발효 선언…"기후변화 싸움의 전환점 될 것," 2016년 11월 4일,
서울=연합뉴스

334) 강덕우, '파리 기후협약' 수호국으로 미국 대신 중국 급부상, 2017-03-29, 서울=뉴시스

335) 강영두 특파원(워싱턴=연합뉴스), 트럼프, 파리기후협정 탈퇴 공식발표…"오늘부터 전면
이행중단"(종합), 2017-06-02 04:54

336) 김남권 폭염 · 폭우 · 폭설…기상이변에 신음하는 5월 지구촌, 2016년 5월 22일, 서울=
연합뉴스

337) 정이나 , "엘니뇨 끝났다." 공식 종언 선언…"라니냐 시작," 2016년 6월 10일, 뉴스1

338) 《America's Climate Choices》 Washington, D.C.: The National Academies Press. 2011. 15 쪽. 지구_온난화#cite_note-AmericasClimateChoices-2011-FullReport-3

339) "Joint Science Academies' Statement" (PDF). 2017-04-02, 지구_온난화#cite_note-8 W 지구 온난화 - 위키백과

340) 조성준, 10만 년 만에 얼음 없는 북극 될지도…온난화 영향, 2016.06.05, 조선닷컴

341) 김윤정, 지구 온도 · 해수면 높이 사상 최고…지구 건강 '빨간불', 2016-8-3, 뉴스1,

342) 권수현, 기후변화로 남태평양 솔로몬제도서 섬 5개 사라져, 2016-5-10, 연합뉴스

343) 한미희, 유엔 "이스터섬 모아이 석상, 기후변화에 쓰러질 수도," 2016-05-29, 서울= 연합뉴스

344) 정병일, 바다온도의 '충격적' 상승이 인류에게 가장 큰 위협, 2016-09-06, CBS노컷뉴스

345) 국종환, WHO "세계 도시 인구 80% 이상 기준 미달 대기 호흡," 2016-5-12, 뉴스1

346) 김종욱, 2015년 대기오염 사망자 420만 명…사망 원인 5위, YTN 2017-02-14, YTN

347) 한미희 , '보이지 않는 살인마' 대기오염에 신음하는 지구촌, 2016-11-07, 서울=연합뉴스

348) "Europe migrant crisis." BBC News. Retrieved 25 November 2015. W European migrant crisis - Wikipedia, #cite_note-2 검색 2017-04-09

349) "Europe's African Refugee Crisis: Is the Boat Really Full?" Der Spiegel. 15 April 2014, W European migrant crisis #cite_note-8 검색 2017-04-09

350) "German spy agency says ISIS sending fighters disguised as refugees". Fri Feb 5, 201 6 - via Reuters,:. W European migrant crisis - Wikipedia, #cite_note-15, 검색 2017-04-09

351) "Refugee crisis: apart from Syrians, who is travelling to Europe?". The Guardian. 10 Se ptember 2015.; W European migrant crisis #cite_note-16 검색 2017-04-09

352) "Monthly Arrivals by Nationality to Greece, Italy and Spain". Refugees/Migrants Emerge

ncy Response – Mediterranean. 31 March 2016. Retrieved 14 May 2016.: W European migr

ant crisis – Wikipedia #cite_note-19, 검색 2017-04-09

353) 이광철, 올해 지중해 익사 난민 5천 명 넘어서…사상 최대, 2016-12-24, 제네바=연합뉴스

354) 이광철, 난민 48명 실은 '초콜릿 트럭' 루마니아서 적발, 2017-1-1, 제네바=연합뉴스

355) 정이나, 지난해 지중해 해로 통해 유럽 입국한 난민수 3분의1 감소, 2017-1-6, 뉴스1

356) 김효진, 유럽행 꿈은 부서지고 '노예시장'에… , 2017-04-12, 한겨레

357) Framework for Durable Solutions for Refugees and Other Persons of Concern, UNHCR

Core Group on Durable Solutions, May 2003, p. 5; W 난민 – 위키백과 2017-04-03

358) 김수진, 프랑스 칼레 '정글' 난민캠프 다음 주 철거…분산 수용 예정, 2016-10-22, 서울=

연합뉴스

359) 윤지원, 佛 난민촌 철거 첫날 2,300명 이동…미성년은 '방치' , 2016-10-25, 뉴스1

360) 조재용, 캐나다, IS에 학살·탄압당한 야지디족 난민 수용키로, 2016-10-25, 밴쿠버=

연합뉴스

361) 캐나다, IS 학살 생존 '야지디' 난민 1천200명 수용키로, 2017/02/22, 오타와 AFP·dpa=

연합뉴스

362) (베를린 dpa=연합뉴스), '난민 100만 명 정착' 독일 올해 지원예산 12조 원으로 증액, 2016

-11-03

363) 김수진, 독일, 부적격 난민 신속히 강제송환…난민 포용책 대수술, 2017-2-10, 서울=

연합뉴스

364) 김정은, 독일서 하루 10번꼴 난민 혐오범죄…어린이들까지 폭행, 2017-02-27, 서울=

연합뉴스

365) 이광철, 난민 늘어난 오스트리아 증오범죄도 급증…대부분 범인 못 잡아, 2017-04-02, 제네바=연합뉴스

366) 현윤경, 그리스 키오스 섬 난민캠프 화염병 공격받아…수백 명 피신, 2016-11-19, 로마=연합뉴스

367) Los Angeles Times, Trump signs plan to temporarily shut nation's door to most refugees, January 27, 2017

368) 전석운, 트럼프 "무슬림 7개국 국민, 미국 입국 금지"…전 세계 충격, 2017-1- 29, 국민일보 워싱턴

369) 김현재, 김지연 , '트럼프 反이민 명령' 운명은…대법원이 폐기 · 부활 결정한다, 2017-2-10, 샌프란시스코 · 서울=연합뉴스

370) 김남권, 트럼프, 법원의 '反이민' 제동에 반발…"과도한 사법권" , 2017-03-16 서울=연합뉴스

371) 송병승, EU-터키 합의, 난민 대책 돌파구 될까, 2016-3-8 브뤼셀=연합뉴스

372) 한미희, 사흘 연속 보트 조난…날 풀리자 다시 '난민의 무덤' 된 지중해, 2016-05-28 서울=연합뉴스

373) 이광철, 전 세계 난민 6천만 명 돌파…1분에 24명 발생, 2016-6-20 제네바=연합뉴스

374) 황정우, 국제사회, 시리아 인도적 지원에 12조 원 제공 약속(종합), 2016-2-5, 런던=연합뉴스

375) 이광철, 유엔 "미얀마軍 로힝야족 학살 · 성폭행…전쟁범죄 수준" , 2017-2-3 제네바=연합뉴스

376) W 기근 – 위키백과

377) 김아람, "분쟁이 식량안보 위협…전세계 5천600만 명 기아 위기", 2016-7-30, 연합뉴스

378) 박상주 (서울 NEWSIS), 아프리카 2,000만 명 아사 위기…"유엔 창설 이래 최대 인도주의 위기" 2017-03-12)

379) 이수지【서울=뉴시스】"2차 세계대전 이후 최악의 기근 사태 발생" WP, 2017-04-12

380) W Famine - Wikipedia 4/15/2017

381) "Famine in the Twentieth Century" (PDF). IDS. 16 February 1993. Retrieved 21 November 2011.; W Famine - Wikipedia 4/15/2017

382) 아프리카 Nigeria 동부의 지방; 1967-70년 일시 독립

383) 캄보디아의 공산계 혁명 세력

384) David Pilling (2017-03-22). "As democracy retreats, famine makes a comeback" ((registration required)). Financial Times. Retrieved 1 April 2017.; W Famine - Wikipedia 4/15/2017

385) Spoorenberg, Thomas; Schwekendiek, Daniel (March 2012). "Demographic Changes in North Korea: 1993-2008". Population and Development Review. 38 (1): 133-58. doi:10.1111/j.1728-4457.2012.00475.x.; W Famine - Wikipedia

386) W Famine - Wikipedia 2017-4-15

387) "Community Area-Based Development Approach" to agricultural development (CABDA)

388) W 갈등 - 위키백과 2017-04-13

389) W 종교전쟁 - 위키백과, 2016-11-21

390) 김아람, "분쟁이 식량안보 위협…전 세계 5천600만 명 기아 위기," 2016-7-30 연합뉴스

391) W 유고슬라비아 해체 - 위키백과

392) W 이스라엘 - 위키백과,

393) W 나이지리아 - 위키백과

《글로벌 세계 대백과사전》〈나이지리아〉 2016-11-20 16:10

394) w 남수단 내전 - 위키백과 2017-03-24

395) "UN: Over one million displaced by South Sudan conflict". BBC News. 29 March 2014.;
W South Sudanese Civil War 2016-11-20

396) W 조지아-오세티아 충돌 - 위키백과 2017-04-05

397) [네이버 지식백과] 종교전쟁 [Wars of Religion, 宗教戰爭] (두산백과)

398) W 영토 분쟁 - 위키백과 2016-11-23

399) W 크림 반도 - 위키백과

400) ※현재 양국은 대표부를 설치하여 비공식 외교관계를 맺고 있어 사실상 무의미해졌다.
(W 영토분쟁 - 위키백과)

401) [네이버 지식백과] 갈등 [葛藤, conflict] (행정학사전, 2009. 1. 15., 대영문화사)

402) [네이버 지식백과] 분쟁해결 [conflict resolution] (21세기 정치학대사전, 한국사전연구사)

403) W 갈등 - 위키백과 2017/3/20

404) [네이버 지식백과] 평화 [peace, 平和] (두산백과) 2016- 1-1.

405) ※베이징(北京) 댜오위타이(釣魚臺) 국빈관에서 열린 '제5차 아시아 교류 및 신뢰구축회
의'(CICA) 외교장관 회의 축사(2016년 4월 28일)에서 인용.

406) 김덕현 이준삼, 시진핑 "중국, 한반도 혼란 용납 안 해…대북제재 전면적 집행", 2016-4-
28, 베이징=연합뉴스

407) W 유엔 안전 보장 이사회 - 위키백과

408) 이준서, 안보리, 대북결의 2356호 채택…개인 14명 · 기관 4곳 추가제재(종합2보)
(유엔본부=연합뉴스), 2017-06-03

409) 심인성, 케리 美국무의 마지막 경고…"북핵, 가장 중대한 위협 중 하나," (70106 워싱턴=
연합뉴스)

410) Landler, Mark (2009-04-14). "North Korea Says It Will Halt Talks and Restart Its Nuclea r Program." The New York Times. Retrieved 2010-05-23

411) 박상주. 아프리카 2,000만 명 아사 위기…"유엔 창설 이래 최대 인도주의 위기"(2017-03-1 2), 서울 NEWSIS

세기의 감동과
공존 협력

초판 1쇄   2017년 06월 19일

지은이   남성우
발행인   김재홍
디자인   이유정, 이슬기
교정·교열   김진섭
마케팅   이연실

발행처   도서출판 지식공감
등록번호   제396-2012-000018호
주소   경기도 고양시 일산동구 견달산로225번길 112
전화   02-3141-2700
팩스   02-322-3089
홈페이지   www.bookdaum.com

가격   18,000원
ISBN   979-11-5622-291-0 03300

CIP제어번호   CIP2017012833
이 도서의 국립중앙도서관 출판예정도서목록(CIP)은 서지정보유통지원시스템 홈페이지(http://seoji.nl.go.kr)
와 국가자료공동목록시스템(http://www.nl.go.kr/kolisnet)에서 이용하실 수 있습니다.